国家社科基金重大项目《金融排斥，金融密度差异与信息化普惠金融体系建设研究》（14ZDA044）系列研究成果
北京市教育委员会共建项目
中央财经大学金融学院优秀博士学位论文出版基金资助

金融排斥的结构效应

——基于中国中小企业视角

张丹俊◎著

知识产权出版社

全国百佳图书出版单位

图书在版编目（CIP）数据

金融排斥的结构效应：基于中国中小企业视角/张丹俊著. —北京：知识产权出版社，2017.12

ISBN 978 - 7 - 5130 - 5327 - 3

Ⅰ.①金… Ⅱ.①张… Ⅲ.①中小企业—金融体系—研究—中国 Ⅳ.①F832.1

中国版本图书馆 CIP 数据核字（2017）第 307761 号

内容提要

本书在十八届三中全会提出"大力发展普惠金融"的背景下，从金融包容的对立面——金融排斥入手，在界定清楚金融排斥概念的内涵与外延的基础上，从金融供给方排斥、技术条件排斥、金融需求方排斥三个方面构建金融排斥五维度指标体系；以我国中小企业为研究视角，通过构建统计模型，检验了金融排斥对企业财务结构、产业结构、经济增长的地区结构的影响与变化规律；提出增加中小企业财务结构的稳健性、优化产业结构、改善经济增长的地区结构的对策建议。

责任编辑：蔡　虹　高志方　　　　　　　责任出版：孙婷婷
封面设计：邵建文

金融排斥的结构效应
——基于中国中小企业视角

张丹俊　著

出版发行：知识产权出版社 有限责任公司	网　　址：http：//www.ipph.cn
社　　址：北京市海淀区气象路 50 号院	邮　　编：100081
责编电话：010 - 82000860 转 8324	责编邮箱：caihong@cnipr.com
发行电话：010 - 82000860 转 8101/8102	发行传真：010 - 82000893/82005070/82000270
印　　刷：北京科信印刷有限公司	经　　销：各大网上书店、新华书店及相关专业书店
开　　本：787mm×1092mm　1/16	印　　张：13.75
版　　次：2017 年 12 月第 1 版	印　　次：2017 年 12 月第 1 次印刷
字　　数：190 千字	定　　价：59.00 元

ISBN 978 - 7 -5130 -5327 -3

编委会成员

主编： 李建军

编委：（按姓氏笔画排序）

李　涛　李季刚　昌忠泽　王作功

林　政　姜旭朝　方　意　黄昌利

序

  2014 年国家哲学社会科学规划办公室面向全社会招标社科重大课题，金融类题目当中一个重要的招标方向是"中国普惠金融体系建设"。我想，这个题目值得深入研究，如果能产出好的成果，社会意义和政策价值都很大。于是开始思考中国要建设什么样的普惠金融体系，这一体系如何建设；所要建设的普惠金融体系与当下的金融体系有何不同？尽管说自己长期关注民间金融、中小微经济体的融资问题，但是，当时对普惠金融还缺乏深度研究。有必要对相关研究进行梳理。普惠金融一词来自英文词汇 Inclusive Finance 的翻译，它被定义为能有效、全方位地为社会所有阶层和群体提供服务的金融体系。另外一个相近的词汇是 Financial Inclusion，翻译成金融包容，也有人用金融普惠的翻译。普惠金融与金融包容看似像一个词，但关注点是不同的。前者是一个体系概念，针对所有金融消费群体的服务体系；后者则是将未进入金融体系的群体作为关注的对象。二者视角不同，为便于理解，我们看金融包容的反义词，或描述现象的对立面——金融排斥，英文为 Financial Exclusion，其所指的是社会中某些群体、机构单位因主观或客观原因未能进入金融体系，无法获得合理恰当形式的金融服务。金融排斥与金融包容所涉及的金融服务对象都是指特殊群体，比如，居民当中的弱势群体，包括失业人群、低收入者、丧失劳动能力或限制行为能力的人群；企业当中的中小微企业、个体经济单位等。从逻辑上讲，金融排斥导致的金融资源配置或分布的不均衡，在地理指向上表现为区域金融发展的差异。这又引出另一个词汇——金融密度，英文是 Financial Density。金融密度是金融排斥的结果,也是金融普惠的决定基础。消除金融排斥,改进金融密度,最终构建普惠金融体系。客观上讲,普惠金融的目标要兼顾社会的公平性和商业的可持续性,考虑二者之间的平衡。因为,普惠金融不等于政策性金融,服务的提供者还主要是商业性金融机构,无论是银行还是保险公司,财务稳健性和机构发展的可持续性是其经营的出发点。从地理空间上看,在人口稀少,交通不便,自然条件恶劣,文化不相容的地区,设置金融服务机构不具有商业价值。这就是说,如何建设普惠金融体系,才能既解决金融服务普及性、包容性问题,又能满足金融机构的商业可持续性要求。我们想,只能是利用科技手段,特别是以互联网为核心的信息技术。承载金融服务的信息科技,可以打破时空约束,降低物理网点成本和人力成本,降低金融服务门槛,提高金融服务效率。有了这样的研究思路,我们以"金融排斥、金融密度差异与信息化普惠金融体系建设研究"为题设计了相应的投标书,并非常幸运得到了评审专家的一致支持,获得了立项,项目编号为14ZDA044。

在项目研究过程中,我指导的2013级博士生张丹俊、巩艳红,2014级博士生卢盼盼先后进入到选题阶段,张丹俊和巩艳红参加了重大项目投标研究设计,卢盼盼入学后就加入到课题的研究当中。于是,我给她们设计了博士论文研究专题,张丹俊重点研究"金融排斥的结构效应"问题,她从金融供给方排斥、技术条件排斥、金融需求方排斥三个方面构建金融排斥五维度指标体系;从中小企业的视角,通过构建统计模型,检验了金融排斥对企业财务结构、产业结构、经济增长的地区结构的影响与变化规律,提出了一个新的分析框架,提出增加中小企业财务结构的稳健性、优化产业结构、改善经济增长的地区结构的对策建议。巩艳红则专门研究我国西部少数民族地区的"宗教文化与普惠金融的发展"问题,她在西藏大学工作,结合西藏的实际情况,重点研究藏传佛教文化环境对当地普惠金融发展的影响,探究藏区普惠金融的发展模式。卢盼盼研究

"普惠金融发展的空间结构效应"问题。她的论文集中研究了普惠金融发展的两类空间结构效应，即贫困家庭空间演进效应与企业空间集聚效应。将所有贫困家庭的财富拥有量与贫困线之间的距离抽象成贫困家庭空间结构，构建一个逻辑自洽的理论分析框架，考察了普惠金融发展的贫困家庭空间演进效应的理论机制；将普惠金融引入到新经济地理学中的自由资本模型，构建一个扩展的新经济地理学模型，考察了普惠金融发展的企业空间集聚效应的理论机制。这三篇博士学位论文从金融排斥、普惠金融、少数民族地区普惠金融发展效应角度进行研究，集中在结构效应、关键决定因素、空间结构效应方面。应该说，这三篇博士学位论文丰富了普惠金融领域的理论研究。这也是国家社科基金重大项目支持人才培养与学术创新方面的重要体现。感谢国家社科基金的资助！当然，研究无止境，这三篇论文还存在一些遗憾，并没有完全达到论文设计最初的预期，期待后续研究再做深化；论文中也可能还存在一些错误和问题，欢迎读者批评指正！

李建军

2017 年 11 月 25 日

前　　言

　　20 世纪 90 年代以来，国有商业银行分支机构的减少与风险管理要求的加强，改变了我国金融体系的地区分布结构，在我国以间接融资为主体的金融体系下，也深刻影响了社会群体获得金融服务的地理可及性。地理可及性是引发金融排斥问题的一个重要因素，也是本书测度金融排斥指数在金融供给方层面的考量指标之一。随着金融排斥涵义与维度的不断拓展，金融排斥的研究对象逐渐拓展到农户、居民等微观个体以及企业、区域层面。金融排斥没有统一的定义，需要通过它的成因、维度与测度等多个方面来体现，学者们可以根据研究重点的不同，对金融排斥给出不同的定义。本书认为，金融排斥是由于部分经济主体（包括微观个体、中小企业、欠发达地区）没有达到银行等金融机构设定的放贷标准，难以从正规金融机构公平地获得金融产品和金融服务的现象。

　　党的十八届三中全会决议提出要大力发展普惠金融，保障社会所有阶层和群体（包括低收入群体、中小企业在内）均有享受金融产品与服务的基本权利，实现全社会共同发展的目标。普惠金融的含义包括公平、包容、效率等伦理维度，与金融伦理思想的核心理念相吻合。金融排斥是传统信贷观念的直接体现。在传统信贷观念下，金融机构为了防范放贷风险，将不能提供抵押品的融资需求者完全排斥在放贷对象之外，这一方面损害了金融伦理思想下全体社会成员享受信贷的基本权利和金融伦理思想对融资需求者还款行为的信任，另一方面阻碍了普惠金融体系的构建。

　　从企业部门来看，各类企业在金融服务可得性方面存在不平等。

中小企业多以民营企业为主，由于其规模小、经营灵活，成为社会经济体系中数量多、吸纳就业、推动经济增长的重要贡献者。然而，根据信息不对称理论，银行等金融机构对中小企业的信息了解较少，中小企业处于信息劣势方，同时在传统信贷观念下，金融机构为了防范放贷风险，会选择放款给大型企业。因此，中小企业面临较为严重的金融排斥，直接表现为从正规金融机构融资难。现有对中小企业融资难问题的研究旨在关注融资难的成因、形成机制以及解决措施上，从企业自身条件以及金融服务提供者的角度出发进行解释，主要为局部分析，还没有对企业融资难问题形成完整的理论分析架构与政策应对框架。从金融排斥的影响因素来看，来自金融机构的因素主要是金融供给方给中小企业造成的排斥。那么，中小企业受金融供给方的排斥程度如何？是否存在中小企业自身的排斥以及外界环境因素带来的排斥？中小企业遭受的融资难问题作为金融排斥的直接表现，会对经济发展造成什么程度的影响？本书就这些重点问题展开研究。

据 2010—2014 年 CSMAR 数据显示，与主板上市企业相比，中小企业内源融资占比远远高于主板上市企业，而资产负债率与带息债务率低于主板上市企业。[1] 这一财务数据表明，微观上，金融排斥对不同规模企业的财务结构的影响存在差别，宏观上，中小企业数量在规模以上工业企业中占有绝对优势，并且劳动密集程度较高、技术与资本有机构成较低；第三产业企业具有明显的中小企业特点，表现为规模较小、缺乏固定的资产和有形存货，企业技术含量与市场化程度较低。企业资源禀赋的转型升级以及企业技术含量与市场化程度的提升对于现代制造业与现代服务业的转型升级尤为重要。目前，我国已经进入工业化中期，产业结构升级缓慢会阻碍经济的可持续发展。此外，由于我国地区发展不平衡，欠发达地区由于金

---

[1] 根据 2010—2014 年 CSMAR 数据，我国中小企业板上市企业与主板上市企业的内源融资占比分别为 18.16% 与 3.29%；两者资产负债率分别为 35.67% 与 51.68%；两者带息债务率分别为 23.52% 与 37.20%。

融机构数量较少，企业信贷资源的配置也存在明显的区域失衡问题。那么，金融排斥是否导致了中小企业财务结构上的特殊效应？金融排斥是否会通过阻碍企业资源禀赋的转型升级、企业技术含量与市场化程度的提升影响产业结构的优化？金融排斥是否会进一步加剧经济增长的区域失衡问题？本书以我国中小企业为研究视角，从微观层面、中观层面、宏观层面构建了金融排斥与企业财务结构、产业结构、经济增长的地区结构之间的关系模型，研究了金融排斥对企业财务结构、产业结构、经济增长的地区结构三个方面的影响，以期回答上述问题，试图为金融市场部门、金融管理部门有效增加中小企业财务结构的稳健性、优化产业结构、改善经济增长的地区结构提供决策参考，这也是本书对于推进金融服务体系的完善和普惠金融体系构建的实践意义。

金融排斥的概念从 20 世纪 90 年代提出以来，国内外学者对金融排斥问题的研究已经取得丰富的成果。有关金融排斥程度的衡量，现有研究还没有形成一致、成熟的方法与理论，要从整体上把握金融排斥的程度，需要设计一个综合指标。有关金融排斥效应的研究，现有研究主要以定性分析为主，多围绕居民、农户等微观个体展开，定量分析围绕金融排斥的地区差异展开，较少以企业为切入点研究金融排斥的结构效应。本书首先从理论上分析了金融排斥的理论形成机制与金融排斥结构效应的理论机理；其次，构建了金融排斥指标体系，设计了金融排斥综合指数，并对我国 31 个省（直辖市、自治区）的金融排斥程度进行测度与分析；最后，以中小企业作为研究对象，对金融排斥的结构效应进行实证分析，为探究金融服务缺位对企业财务稳健性、产业结构调整与升级、经济增长的区域发展不平衡等经济社会问题造成的影响提供新的思路。

本课题的研究得到了我的博士生导师李建军教授的全面指导和帮助，李建军教授关于金融排斥对经济发展的影响的分析思路为本课题的研究指明了方向，在课题研究的过程中给予了耐心、细致的指导。中央财经大学金融学院李健教授、谭小芬教授、应展宇教授、王辉教授、杜惠芬教授、韩复龄教授、刘向丽教授、方意老师、苟琴老师、中央财经大学经济学院兰日旭教授对本研究内容提出了许多有益的指导与建议。对外经贸大学吴卫星教授、首都经贸大学尹志超教授为本书提出了许多很有价值的宝贵意见。本人根据各位专家提出的建议对部分内容进行了完善，当然，由于本人能力有限，书中难免还存在一些错误与遗漏，也恳请读者批评指正。

天津财经大学　张丹俊

2017 年 8 月 30 日初稿

2017 年 11 月 30 日终稿

CONTENTS

目　录

第1章 导　论

　　党的十八届三中全会决议提出要大力发展普惠金融，保障社会所有阶层和群体均有享受金融产品与服务的基本权利。与小额信贷和微型金融不同，普惠金融强调商业可持续性与金融服务的覆盖面，为贫困家庭和中小企业提供多样化、多层次的金融服务。"金融排斥"与"普惠金融"作为一枚硬币的两面，金融服务在不同群体、不同地区的不均衡现象必然会阻碍普惠金融的发展进程。中小企业作为经济增长的主要推动者，其遭受的金融排斥尤为严重，中小企业融资难的问题至今仍未得到有效解决。那么，研究金融排斥对企业财务结构、产业结构及对经济增长的地区结构的作用效应，对于金融排斥结构效应研究框架的构建、企业财务稳健性、产业结构的优化、差别化政策的制定与实施有重要的理论意义与现实意义。

1.1　研究背景与意义

1.1.1　研究背景

　　"普惠金融"这一概念最早被联合国提出，之后由联合国与世界银行推行。在"2005 国际小额信贷年"的宣传中，联合国提出了"普惠金融"的概念，主要包含四个方面的内容：从社会群体的角度来看，家庭和企业能够以合理的成本获取广泛的金融服务；从金融机构的角度来看，要求机构内控严密，并且需要接受市场监督以及全面的审慎监管；从金融服务的角度来看，要求可以为消费者提供多样化的服务选择；从金融业的角度来看，金融业需要实现可持续的发展以便提供长期的金融服务（焦瑾璞等，2015）。普惠金融的最初形态是小额信贷和微型金融，随着互联网等信息技术的发展，普惠金融形成了一个更具平等性、开放性、便利性和草根性❶的普惠金融体系，现已包括储蓄、保险、信贷等金融产品和服务。

自"普惠金融"的概念提出后，我国构建普惠金融体系的步伐加快；2007 年，中央金融工作会议明确提出要按照"多层次、广覆盖、可持续"的要求建立农村等经济欠发达地区金融服务机构；党的十八届三中全会，提出重点支持中小企业发展，提出发展普惠金融的决定。但从我国金融发展的现状来看，金融资源配置存在显著的区域分布不均衡的现象。20 世纪 80 年代我国处于金融改革初期，金融管制放松，导致了 20 世纪 80 年代末中国经济过热，通货膨胀严重，以及 20 世纪 90 年代初金融秩序混乱，出现非法集资、挤兑风潮等金融乱象。加上 20 世纪 90 年代末亚洲金融危机的爆发，导致我国金融风险进一步扩大。在这样的内忧外患的大背景下，我国第一次全国金融工作会议于 1997 年 11 月 17 日至 19 日召开，会议提出建立与社会主义市场经济发展相适应的金融机构体系、金融市场体系和金融调控监管体系，化解金融隐患。1997 年 12 月 6 日，国务院起草《关于深化金融改革，整顿金融秩序，防范和化解金融风险的通知》（以下简称《通知》），其核心内容包括精简国有商业银行管理层次和分支机构，改变国有商业银行按行政区设立分支机构的状况。《通知》指出我国大型国有银行（除中国农业银行外）主要在大中城市开展业务，将其在地级、县级的机构进行撤并。由此逐步形成了我国城乡二元金融结构，农村信用社成为了农村金融

---

❶ 根据国家开发银行原副行长、中国小额信贷联席会会长、中国小微金融研究院院长刘克崮的说法，草根金融的服务对象是城乡基层经济体或小微型经济体等草根经济体，包括小微型企业、个体工商户和农业生产经营户。

的主要服务机构❶，我国边远地区、农村地区的居民以及中小企业的金融服务可得性大幅度降低。与此同时，1998 年 8 月与 11 月，国务院相继颁布了《国务院办公厅转发中国人民银行整顿乱集资乱批设金融机构和乱办金融业务实施办法》和《非法金融机构和非法金融业务活动取缔办法》。这些办法的实施使得之前法律允许的一些金融组织和行为被宣布为非法，并逐渐导致我国出现正规金融与非正规金融的二元金融结构。由此可见，政府通过"一刀切"，缩减了商业银行的分支机构，将民间金融排除在正规金融体系之外，尽管在一定程度上对当时的金融乱象有积极意义，但是也导致了我国金融体系"城乡二元金融结构"与"正规金融与非正规金融的二元金融结构"双重二元结构问题。边远地区居民与中小企业由于金融可得性的降低，不得不将融资转向尚未合法化的非正规金融渠道，增加了企业财务结构风险，造成了地区发展不平衡、金融沙漠化现象。

进入 21 世纪，随着大型国有商业银行股份制改革以及加入WTO，银行业面临的国际竞争增加，商业银行在经营管理中加强了对风险管理的要求，对其自身绩效考核更为严格。这在客观上加剧了大型国有商业银行对贫困人口、中小企业等弱势群体的排斥程度并扩大了地区发展的差异。地区、群体被分为"优质"与"次优"等不同级别，优质的金融服务资源集中于大型企业、收入较高的人群、富裕地区以及产出回报率较高、科技运用成熟的产业，相应地，贫困人口、中小企业、经济欠发达地区以及新开发高新技术产业往往得不到所需要的金融服务。随着我国经济的发展，传统制造业和传统服务业均面临调整与升级，关键在于将经济增长方式由粗放型向高效率的集约型转化。中小企业作为经济增长的主要推动力，在第二产业企业中，中小企业数量在规模以上工业企业中占有绝对优势，并且具有较高的劳动密集程度（黄阳华和罗仲伟，2014）；第三

---

❶ 在 1996 年《国务院关于农村金融体制改革的决定》中，中国农业银行与农村信用社脱离了行政隶属关系，不再领导管理农村信用社，中国农业银行全面向国有商业银行转轨。

产业企业也具有明显的中小企业特点，企业规模较小，缺乏固定资产和有形存货（郭明等，2009）。因此，要发展现代制造业❶与现代服务业，企业资源禀赋面临转型升级，第三产业需要提高技术含量与市场化程度。由于中小企业面临较为严重的金融排斥，在获取金融服务方面存在诸多制约因素，因此，中小企业作为资源配置的微观主体，其受到的金融排斥会降低企业融资效率，进而阻碍产业结构的调整与升级。因此，有效解决贫困人口、中小企业的融资问题是缓解金融排斥、构建普惠金融体系的关键环节。

综上，普惠金融与金融排斥是一个问题的两个方面。普惠金融实际上就是让所有社会群体享受更为全面的金融服务，更好地发挥金融对实体经济的促进作用；金融排斥是指银行关闭欠发达地区的网点，阻碍了社会群体获取金融服务的可能性，从反面揭示了普惠金融的缘起。现实中的金融排斥以美国历史上的"划红线"为典型代表。20世纪90年代开始，越来越多的研究开始关注社区和地方获得金融服务的公平程度。因此，金融排斥的维度经历了由单一的地理维度扩展到社会、经济、金融市场等多个方面的动态发展过程。与此同时，金融排斥的影响因素可能是暂时性的，也可能是长期性的。中小企业作为推动经济增长、吸纳就业的重要贡献者，其遭受的金融排斥比较严重。那么，中小企业在金融服务获取上的障碍是否会通过影响企业融资渠道与财务期限结构而对企业财务稳健性造成影响？金融排斥通过影响企业资源禀赋的优化以及微观企业的融资效率对产业结构的调整与升级以及地区经济增长产生了怎样的影响？在当前改革背景下，加速社会结构的调整与优化迫在眉睫。"普惠金融"与"金融排斥"作为一枚硬币的两面，以中小企业为研究视角，探究金融排斥对我国微观企业财务结构、产业结构调整与升级以及我国经济增长的地区结构效应的影响，并提出缓解金融排斥、

---

❶ 制造业是第二产业的重要组成部分，根据《中国统计年鉴》（2015）三次产业产值占比统计，截至2014年，制造业占第二产业的产值比重为83.94%。

調整与优化中小企业财务结构和产业结构、缩小经济增长的区域差异的启示与措施，显得尤为必要。

1.1.2 研究意义

金融排斥的英文是 financial exclusion，涉及地理学、经济学等多种学科的研究领域。在全球金融业高速发展的过程中，不同地区、不同群体获得的金融服务水平存在差异，一些欠发达地区仍然存在着大量无法从正规金融机构获得金融服务的群体，由此，20 世纪 90 年代兴起了对金融排斥问题的关注。国内外对金融排斥的研究取得了丰富的研究成果，包括金融排斥内涵的界定、维度的确定以及排斥成因的分析。不过，现有对金融排斥的研究多围绕居民、农户等微观个体展开，围绕中小企业的研究不多；其次，对金融排斥效应的研究主要为定性分析，涉及金融排斥对企业财务结构、对产业结构、对经济发展的地区结构方面影响的定量研究较少。由此，研究金融排斥的结构效应对金融排斥理论的发展有重要意义。与此同时，金融排斥与普惠金融作为一个问题的两个方面，研究金融排斥的问题不仅有助于提升弱势群体获取金融服务的可得性，提升微观企业的财务稳健性，推进产业结构调整与优化，缩小经济增长的区域差异，同时有助于普惠金融体系的构建。因此，本书的研究对国家构建普惠金融体系有重要的现实意义。具体而言，本书在理论层面与实践层面都有其独到的价值与意义。

1. 理论价值

本书以中小企业为切入点，从企业财务结构、产业结构和经济增长的地区结构的角度构建金融排斥的结构效应的分析框架，并研究其对企业财务结构、产业结构和经济增长的地区结构的作用效应，发展了现有金融排斥理论。如果将普惠金融的发展作为金融发展的宽度来衡量，研究金融排斥对企业财务结构、产业结构及经济增长的地区结构的影响，相当于从反面论证了金融发展和经济发展之间的关系，近年来兴起的对金融宽度的关注无疑为金融排斥研究拓宽了视野。从这种意义上而言，研究金融排斥的结构效应，不仅将金融发展理论的研究对象往前推进了一步，并且对于加深对金融排斥的理解也有重要意义。本书在金融排斥理论研究的基础上，构建金融排斥的指标体系，探究金融排斥的理论形成机制，构建金融排斥的结构效应的经济学分析框架。

2. 实践意义

本书通过构建金融排斥指标体系以及金融排斥的结构效应的分析框架，对我国现实情况进行实证分析，度量金融排斥对企业财务结构、产业结构及对经济增长的地区结构的作用效应，从金融排斥的角度揭示我国中小企业财务结构缺乏稳健性、产业结构升级缓慢、经济增长的区域差异扩大的状况及内在原因，以便从金融排斥视角提出增加中小企业金融资源的可及性、提升企业财务结构的稳健性、调整并优化产业结构、缩小经济增长的区域差异的思路与对策，进而推进金融服务体系的完善和普惠金融体系的构建。因此，本书通过金融排斥结构效应的研究，试图为金融市场部门、金融管理部门有效增加中小企业财务结构的稳健性、优化产业结构、改善经济增长的地区结构提供决策参考。

1.2　国内外文献述评

本节对与金融排斥结构效应研究相关的国内外文献进行回顾，并通过对相关研究进行总结、归纳与分类，为本书在研究视角、研究方法以及具体的研究思路上提供启示与借鉴。纵观现有研究金融排斥的文章，研究对象主要集中于居民、农户等微观个体，围绕农村地理排斥以及微观个体、家庭层面遭受的金融排斥问题展开。对金融排斥效应的研究以定性分析为主，表现为社会群体贫富分化与区域经济发展不均衡。从企业层面对金融排斥问题进行定量分析的文献主要围绕金融排斥的地区差异展开，鲜有研究金融排斥在企业财务结构、产业结构以及经济增长的地区结构方面的作用效应。

1.2.1 金融排斥研究多围绕居民、农户等微观个体展开

本部分主要从金融排斥的内涵与维度、金融排斥的成因以及金融排斥的测度方法三个方面对国内外有关金融排斥的文献进行梳理。

1. 金融排斥的内涵

（1）国外研究综述

金融排斥的早期研究是围绕地理学展开的，源于金融服务部门对社区和地方获得金融服务的公平程度的关注。Myrdal 于 1957 年运用地理学相关理论，分析了南亚和东南亚 11 个国家的政治经济问题，研究了金融发展与地理环境之间的关系，出版了《亚洲的戏剧：对一些国家贫困问题的研究》（Myrdal，1968）。金融排斥作为明确概念的提出始于 20 世纪 90 年代，英国金融地理学家 Leyshon & Thrift（1993，1994，1995）通过研究居民与金融服务网点的实际距离对居民获得金融服务可得性的影响，指出贫困人口获取金融产品和金融服务存在困难，并提出了金融排斥的概念。他们的研究发现，由于贫困人口主要生活在农村等欠发达地区或偏远地区，金融机构撤并其分布在欠发达地区的分支机构会直接导致贫困人口在获取金融服务与金融产品方面存在困难。综上，在地理因素这一层面上，金融排斥被定义为偏远地区或者欠发达地区贫困阶层和弱势群体由于距离银行等金融机构较远，获取金融服务的便利程度较低，而受到金融排斥的现象。（Leyshon & Thrift，1993，1994，1995；Morrison & O'Brien，2001）

Rogaly & Fisher（1999）认为金融排斥是社会排斥的一个维度，金融排斥与社会排斥互为因果。英国金融服务当局 Kempson（2000）对金融排斥问题进行了大量的调查和研究，进一步证实了 Rogaly & Fisher（1999）的观点，认为金融排斥是社会排斥在经济层面的表现，社会排斥的产生和加剧通常在经济层面伴有金融排斥的发生。金融排斥的影响因素包括地理因素、经济因素、社会因素、金融市场因素等。Gloukoviezoff（2007）将金融排斥定义为：微观个体由于在使用金融产品与服务时受到排斥，导致他们不能正常地进行社会

生产和生活的状态。Gloukoviezoff（2007）指出，金融需求者受到的金融排斥范围包括基金、保险、证券等金融产品和金融服务，而不仅包括地理因素。

ANZ（2004）从受到金融排斥的群体的角度出发对金融排斥进行了定义，认为金融排斥是指受到金融排斥的群体尽管有能力获得金融产品和金融服务，然而，这部分群体却不能选择正确的产品和服务的现象。从这一定义来看，有效的金融信息、金融知识的普及与相应的指导，对提升这部分群体从金融发展中获得的福利水平至关重要。由此可见，由于定义的出发点与关注点不同，对金融排斥的内容界定也有一定的区别。

随着金融排斥涵义外延的扩展，金融排斥的概念不断得到完善。金融排斥的维度扩展到包括地理、社会、经济、金融市场等多个方面。对金融排斥维度进行系统性论述始于 20 世纪末，Kempson & Whyley（1999）认为，金融排斥是一个多维度的动态复合概念，金融排斥的指标体系包括六个维度：地理排斥、价格排斥、评估排斥、条件排斥、营销排斥和自我排斥。同期，Cebulla（1999）根据金融排斥产生的原因不同，将其区分为结构排斥和主体排斥两个维度；Bridgeman（1999）则将金融排斥按照收入排斥、价格排斥两个维度进行界定。Kempson 等（2004）将金融排斥的维度归结为以下几个方面：银行账户的开立条款和条件、银行费率、银行机构的地理可及性、受到排斥主体的心理和文化程度、金融服务的可获得性等。Chakravarty & Pal（2010）按照排斥主体的不同从金融供给方排斥与需求方排斥两个维度对金融排斥进行界定与测度。

随着研究的深入，金融排斥的含义随着维度的扩展不断得到完善。与此同时，受到金融排斥的对象也由居民等微观个体扩展到包括微观个体、企业、区域等多个层次。Panigyrakis 等（2002）从具体受到金融排斥的群体角度出发对金融排斥进行定义，他们认为金融排斥是指部分群体难以从正规金融机构获取低成本、安全、公平的金融服务的现象。Link（2004）将遭受金融排斥的对象扩展到个体、企业和区域层次，认为居民等微观个体、中小企业、欠发达地区等均会由于难以获取金融服务与金融产品而遭受金融排斥。Collard 等（2001）将金融排斥的研究对象延伸到中小企业这一商业社群的范畴，从定性角度分析得出中小企业面临严重的金融排斥问题。Hyytinen & Pajarinen（2002）通过研究芬兰中小企业私募股权融资与贷款市场得出，芬兰中小企业资金来源主要有三类：所有者权益、非金融公司贷款与金融机构贷款，这三类资金占中小企业负债与所有者权益的三分之二。芬兰中小企业资产负债率平均为54%，而小型中小企业资产负债率显著低于大型中小企业。Mayo（1997）从区域视角对金融排斥的问题进行研究，结果表明金融排斥存在区域差异。综上，现有研究对微观个体、企业和区域金融排斥的研究主要为定性分析，没有将金融排斥在企业、区域方面的差异作定量分析。

（2）国内研究综述

国内学者对金融排斥的研究起步较晚，主要包括对微观个体与区域层面金融排斥的研究。李涛等（2010）分析了我国城市居民受到金融排斥的状况，基于2007年我国15个城市居民在投资等方面的调查数据，发现城市居民在储蓄、基金、保险、贷款等方面存在严重的金融排斥状况，并且这种排斥程度会随着城市居民家庭资产的增加以及社会互动的提高而降低。焦瑾璞和周诚君（2004）的研究发现我国农村金融的覆盖面不到25%，表明我国农村地区面临较为严重的金融排斥。王修华等（2013）分析了我国农户受到金融排斥的状况，进一步证实了焦瑾璞和周诚君（2004）的结论，基于我国1547户农户的微观调研数据，研究了农户在信贷、储蓄两方面受到金融排斥的状况，认为农户在这两个方面均存在金融排斥的现象，并且在信贷方面遭受的金融排斥程度比较严重。

在金融排斥的空间差异研究方面，已有研究主要集中于农村地区金融排斥的研究。田霖（2007）、许圣道和田霖（2008）、陈莎和周立（2012）、陈莎等（2012）以及董晓林和徐虹（2012）等均对中国农村金融排斥的空间差异进行了研究。许圣道和田霖（2008）

认为我国农村地区金融排斥比较严重的主要原因在于我国农村金融机构类型单一，他们建议构建区域化、多元化、新型的农村金融服务体系，并加强农民的金融意识，促进城乡金融资源的整合，缩小城乡差距。陈莎和周立（2012）、陈莎等（2012）从行政、地理、人口与经济四个方面构建金融密度指标体系，对各县、县的单位地理面积、县的单位人口数量、县的单位 GDP 拥有的金融机构网点数进行测度，研究结果表明我国农村地区金融密度的空间差异显著，我国农村地区金融排斥不仅省域差异显著，中东西部地区之间也有显著差异。此外，董晓林和徐虹（2012）将金融排斥的区域研究由省域层面扩展到县域层面，考虑到我国县域之间存在显著的差异，以县域作为研究单元，运用分位数回归分析金融排斥影响因素对不同分位点县域的影响效应，结果指出，单位县域金融机构网点数与人口规模、社会消费品总额、金融基础设施状况呈显著正相关关系，表明如果县域人口规模越小、社会消费品额度越低、金融基础设施状况越差，该县受到的金融排斥程度越高，因此，提高县域获取金融服务的可得性，可以提升县域零售业发展水平、改善当地金融基础设施等。王修华等（2009）研究表明，我国金融资源分布的地区差异显著，中西部地区金融排斥程度比较严重。综上，国内外学者对金融排斥的内涵与外延进行了比较全面的研究，从微观个体、企业与区域层面对金融排斥进行了界定与测度，对金融排斥的研究主要以定性分析为主。

2. 金融排斥的成因

（1）国外研究综述

最初，金融排斥的研究围绕地理排斥展开，因此，有关金融排斥的成因也是围绕地理排斥的角度展开。Devlin（2005）研究了英国金融排斥情况，指出英国受到金融排斥的群体具有显著的地理空间倾向。Fuller（1998）对美国的金融排斥进行地理空间分析，研究结果表明金融机构在经济欠发达的地区分布较少，或者关闭率较高。Argent & Rolley（2000）通过研究澳大利亚金融排斥状况得出类似的结论，认为金融排斥的原因主要是银行等金融机构从经济欠发达地区撤离，使得农村地区经济发展受到限制，这些地区的社会成员难以获得金融服务。Chakravarty（2006）从金融机构空间分布的视角解释了金融排斥的成因，认为银行等金融机构从边远地区撤离，并向大城市转移，减少了边远地区社会群体与金融机构之间的联系，这会加剧该地区金融排斥程度，并最终导致社会排斥问题。

由上述研究可得，将金融机构空间分布密度这一地理因素作为金融排斥的重要影响因素之一得到学术界普遍的认可。在此基础上，学者们对金融排斥与居民自身收入水平、社会经济环境、制度等因素之间的关系进行研究。Kempson & Whyley（1999）运用计量分析方法，从特定群体自身条件方面研究了金融排斥的影响因素，结果表明金融排斥与特定群体文化、年龄、宗教信仰、收入状况等因素有关。同期，Bridgeman（1999）从特定群体以及金融机构两个层面对金融排斥的成因进行分析，提出"收入排斥"与"价格排斥"两个维度，认为金融排斥与收入负相关，而与信贷价格正相关。Kempson（2000）认为金融排斥受到人力资本市场、收入水平、人口数量、财政政策以及住房政策五个因素的影响。Gonzalez‐Vega（1982）从制度角度分析了转轨国家（主要以发展中国家为例）利率管制对银行放贷额占总资产比值的影响，研究结果表明发展中国家的利率管制不利于银行等金融机构放贷额的增加，并且与大型企业等大客户相比，中小企业等弱势群体获得银行等金融机构的贷款难度增加。换句话来说，在发展中国家，利率管制会加剧排斥问题，并且中小企业与大型企业相比遭受到较为严重的金融排斥。Yeung等（2012）以2001—2009年中国工商银行和中国银行的分支机构撤并和设立的数据为样本，研究了我国金融机构分布情况与金融排斥的关系，研究结果表明我国金融机构在大城市的金融集聚会加剧贫困人口、中小企业以及欠发达地区的金融排斥问题。这与我国20世纪90年代末金融改革关系较大，国有商业银行分支机构从农村地区撤出在客观上造成了大城市金融集聚的出现，国有银行与政策性银行业务的分离使得金融机构的商业化程度与市场化程度增加，这进一步加剧了国有商业银行对贫困人口、中小企业等弱势群体的排斥程度以及地区发展差异。

（2）国内研究综述

国内学者对金融排斥的原因的研究主要从我国金融改革、金融制度以及微观个体财务水平等因素出发，研究对象主要围绕农村地区展开。20世纪90年代末我国进行金融改革，国有商业银行经营战略开始调整，分支机构逐步从农村地区等欠发达地区和偏远地区撤出，导致我国银行等金融机构在农村地区数量减少，农村地区金融资金外流，资金缺口增大，我国农村地区金融排斥日益凸显（何德旭和饶明，2007）。王志军（2007）与何德旭和饶明（2007）的研究结论一致，认为四大国有商业银行的战略调整以及农信社从欠发达地区（主要为农村地区）撤出，进一步拉大了农村地区与城镇地区金融资源可得性的差异，导致我国出现金融资源空间分布不均衡。尽管新设机构在一定程度上增加了农村地区的金融资源供给，然而其分支机构主要集中在城镇，因此，我国农村地区金融排斥问题比较严重（马九杰和沈杰，2010）。

以上研究主要从我国金融改革背景出发，对农村地区金融排斥的原因进行分析。这是我国金融改革带来的直接影响。此外，我国农村地区、中小企业面临的金融排斥还受到微观个体自身财务水平、社会环境因素的影响。刁怀宏（2007）通过建立信贷合约交易模型分析了农村金融空洞化的原因，认为由于我国农村地区资金积累不足，信贷交易环境欠缺，导致我国农村地区金融机构与资本赖以存在的信贷交易不足。陈雨露等（2009）进一步指出，由于农户初始资本水平较低，因此，获得资本增加的机会较低，导致农户资本水平长期处于较低水平。周科和王钊（2010）通过构建信贷合约模型探究了我国西部农村地区金融排斥的影响因素，结果表明造成这一地区金融排斥的因素包括利率管制、担保能力较低、农村项目成功率低等。王霄和张捷（2003）分析了我国中小企业融资难的原因，认为主要原因在于中小企业抵押担保能力较低，并且受到金融机构的规模歧视。

概括而论，随着金融排斥含义以及金融排斥维度的拓展，对金融排斥成因的研究成果也比较丰富。对金融排斥的成因研究围绕地理排斥展开，之后扩展到微观个体财务水平、社会环境、制度等因素。对我国金融排斥成因的研究主要围绕农村地区展开，直接原因在于我国 20 世纪 90 年代末金融改革，国有商业银行经营战略的调整，从农村地区等边远地区撤出，导致欠发达地区以及边远地区金融服务可得性较低。根本原因在于微观个体自身资本积累与担保能力较低、信贷交易环境欠缺等。

3. 金融排斥的测度

有关金融排斥程度的衡量，已有研究采用分维度金融排斥指标与金融排斥综合指标分别对金融排斥程度进行度量（De Koker, 2006），至今还没有形成统一的测度标准。分维度金融排斥指标可以从不同影响层面测度微观个体、企业、区域受到的金融排斥程度，金融排斥综合指数可以从总体上把握群体或区域的金融排斥程度。就金融排斥综合指数测度的研究而言，早期，英格兰东南发展机构（SEEDA）利用一系列数据，将"复合剥夺指数（Index of Multiple Deprivation）"作为线性回归模型的因变量，运用逐步回归的方法确定了金融排斥的影响因素，并计算出金融排斥指数，对于金融排斥量化进行了初步尝试，但是，由于大多数国家的统计机构缺乏对"复合剥夺指数"的数据统计，因此，英格兰东南发展机构对金融排斥指数的测度方法没有得到广泛的推广（田霖，2007）。之后，国内外学者们在衡量微观个体、农村等欠发达地区的金融排斥程度时采用了问卷调查法（李涛等，2010；Byrne & McCarthy，2007），主成分分析、因子分析和聚类分析的方法（田霖，2007；夏维力和郭霖麟，2012）、构建金融排斥指数（高沛星和王修华，2011；Buckland & Dong，2008；Chakravarty & Pal，2010）等方法。

从国内外对金融排斥的研究来看，对金融排斥的研究多从居民、农户等微观个体角度展开，从企业与区域等角度进行研究的文献不多。在金融排斥维度方面，以地理排斥为基础，对地理空间差异研究比较深入。在金融排斥的成因研究方面，国内外学者主要围绕地理因素展开，之后扩展到微观个体收入水平、社会环境以及制度等因素。对我国金融排斥成因的研究从地理因素切入，我国金融改革导致农村地区金融服务可得性较低，根本原因还须从微观个体自身收入水平、所在地区资本水平、特定群体抵押担保能力、社会环境等方面进行探究。在金融排斥的度量方面，学术界没有形成统一的测度标准，或者运用分维度指标进行测度，或者运用金融排斥综合指标进行测度。国内外的研究主要是基于 Kempson & Whyley（1999）提出的六维度评价指标体系，运用分维度指标对金融排斥进行度量。李春霄和贾金荣（2012）指出，试图运用六维度对金融排斥程度进行度量存在困难。此外，随着信息化普及程度的加深，信息化普及程度不足也会导致部分信息技术欠发达群体被排斥在金融服务体系之外，由此，本书认为以上学者提出的评价标准都忽视了信息机制这一关键因素。本书以 Kempson & Whyley（1999）提出的金融排斥指标体系为基础，借鉴 Chakravarty & Pal（2010）对金融排斥维度的分类方法，加入技术条件排斥，从金融供给方、金融需求方以及技术条件三方面对金融排斥进行度量。

1.2.2 金融排斥的效应研究以定性分析为主，表现为社会群体贫富分化与区域经济发展不均衡

在金融排斥所导致的后果方面，有争论认为银行业金融排斥程度加大在本质上体现了银行价值的提升和系统效率的提高。Beck & Torre（2006）以微观个体为研究对象，从规模经济的角度分析了社会成员对支付、储蓄等服务的可得性，认为适度的金融排斥是金融机构基于利润最大化这一传统信贷理论的理性选择，并非金融体系恶化的结果。Rosengard & Prasetyantoko（2011）以中小企业为研究对象，研究了印度尼西亚近年来小额信贷业务下滑的现象，认为这

是在现有的制度环境下金融机构权衡贷款成本与利润之后作出的理性决策，选择退出或缩小中小企业金融业务的范围。他们均认为一定程度上的金融排斥，尤其是在信贷服务层面表现的金融排斥是银行等金融机构基于传统信贷理论——追求商业利益最大化下的理性决策。

尽管部分学者从传统信贷观念出发，认为一定程度的金融排斥有助于银行等金融机构价值的提升，但是从福利经济学视角来看，金融排斥是经济负外部性的表现。金融排斥在一定程度上加剧了不同人群、不同地区间经济发展的两极分化。Leyshon & Thrift（1995）指出，金融排斥的概念是社会排斥的概念在金融领域的延伸，是指部分社会群体（包括微观个体、家庭、企业等）由于个人收入水平或企业自身财务水平、地理位置、融资需求等社会经济属性方面处于相对较低的水平，而被正规金融机构排斥在传统金融体系之外的动态过程。由于受到金融排斥，部分群体参与经济活动的可能性降低，提高自身素质的能力下降。由此可见，无法获得基本金融服务的群体通常也会在生活的其他方面遭到排斥，那么，这些群体受到的社会排斥会进一步加重。Kempson（2000）通过大量调查和研究，认为金融排斥是社会排斥在经济层面的表现，并且金融排斥通常伴随社会排斥的加剧，由此可知，他们对金融排斥与社会排斥之间关系的观点与 Leyshon & Thrift（1995）相符。Chakravarty（2006）的研究进一步表明，金融排斥会通过减少与金融机构的社会联系强化金融排斥，从而最终导致社会排斥。综上，金融排斥与社会排斥是一对相互作用、互为因果的概念。

Anderloni 等（2008）指出，金融排斥会加剧社会群体之间的贫富分化以及区域经济发展的不均衡。就个人而言，部分微观个体由于处于弱势地位而面临现金风险，包括消费信用卡办理受限，储蓄、保险、养老金不可触及等问题，这会通过降低这部分群体提高自身经济收入水平的可能性，拉大微观社会个体之间的收入差距（Leyshon & Thrift，1995；De Koker，2006）；就企业而言，由于部分企业

（尤其是中小企业）面临不能从正规金融机构获得低成本、安全、公平的金融服务，会在融资时碰到"市场失灵"等现象，造成中小企业融资难问题（Collard 等，2001），中小企业融资难已经成为阻碍中小企业发展的主要瓶颈（夏维力和郭霖麟，2012）；就区域角度而言，金融排斥往往导致"金融沙漠"，经济发展欠发达地区出现贫困、剥离、金融机构风险规避加剧等问题，导致区域经济发展失衡（Leyshon & Thrift，1997）。此外，金融排斥导致民间渠道货币系统存在，民间渠道货币系统往往演变成地下钱庄等，这会带来一定的法律和社会问题（Leyshon & Thrift，1994，1995）。由此可知，金融排斥会通过阻碍部分经济个体、中小企业等社会群体参与经济活动、发展自身素质的可能性，拉大社会群体之间贫富分化程度；在地区层面往往会导致区域经济发展失衡，甚至带来一定的法律和社会问题。

1.2.3 中小企业金融排斥的研究以定性研究为主，定量分析围绕金融排斥的地区差异展开

Collard 等（2001）将金融排斥的研究对象延伸到中小企业这一商业社群的范畴，从定性角度分析得出中小企业面临严重的金融排斥问题。对于中小企业而言，由于其资产规模较小，可提供抵押担保物较少，在获取银行融资时面临诸多制约因素，遭受到较为严重的金融排斥问题。夏维力和郭霖麟（2012）指出，我国九成以上中小企业面临金融排斥问题，无法从银行等金融机构获取所需要的商业贷款。我国对中小企业层面研究主要为定性分析，金融排斥的定量研究比较少。夏维力和郭霖麟（2012）采用主成分分析法构建我国东、西部两个地区的金融排斥指数，对我国中小企业金融排斥在东西部地区之间的差异问题进行定量分析。然而，他们在对金融排斥指标进行赋权时没有考虑东西部地区中各省区之间的差异，只是对东西部两个区域的金融排斥程度进行了对比。

通过以上文献梳理可以看出，国内外学者对金融排斥问题的研

究已经取得丰富的成果，金融排斥内涵与维度的研究逐步由单一视角拓展到了多维视角，不仅限于地理维度，还包括社会经济、金融市场等多方面。国内外对金融排斥的研究已经形成较为系统的研究体系，包括内涵的界定、维度的确定以及金融排斥的成因分析，对金融排斥研究对象的研究主要围绕微观个体、企业与区域层面展开。有关金融排斥的度量，已有研究或者从分维度金融排斥指标进行测度，或者构建综合指标对金融排斥程度进行测度，学术界没有形成统一的标准。国内外研究对金融排斥的度量主要基于 Kempson & Whyley（1999）提出的六维度评价指标体系，由于不同研究者研究对象与视角不同，对金融排斥的定义与划分标准不同，进而对金融排斥各维度指标的测算方法不同。本书结合 Chakravarty & Pal（2010）对金融排斥维度的分类方法以及 Kempson & Whyley（1999）的分维度指标，对金融排斥进行度量。

在金融排斥的效应研究方面，尽管部分学者从传统信贷观念认为金融排斥在一定程度上有助于金融机构价值的提升，不过，从福利经济学视角来看，金融排斥是经济负外部性的表现。已有文献主要从个人、企业、地区层面定性分析了金融排斥造成的两极分化现象。金融排斥是社会排斥在金融领域的延伸，同时，受到金融排斥的群体通常也会失去参与经济活动的积极性，在社会生活其他方面遭受排斥，因此，金融与社会排斥是一对互为因果的概念。金融排斥会通过阻碍社会微观个体、中小企业等社会群体参与经济活动、发展自身素质的可能性，进一步加剧社会群体之间的贫富分化。由此可见，金融排斥不是孤立的概念，其与金融发展、信贷配给关系密切。

现有文献对金融排斥效应的研究主要是定性分析，而定量研究较少。信贷配给主要是金融供给方给中小企业造成的排斥，其程度如何？是否存在中小企业自身的排斥以及外界环境因素带来的排斥？中小企业作为推动经济发展的主要力量，其遭受的金融排斥会对经济发展造成什么程度的影响？中小企业与大型企业相比，会遭受金融机构的规模歧视（王霄和张捷，2003），从企业财务结构来看，金融排斥会对其财务结构造成什么影响？是否影响中小企业财务可持续性？中小企业作为资源配置的微观主体，在第二产业规模以上工业企业数量上占有绝对优势，第三产业企业具有明显的中小企业特点（黄阳华和罗仲伟，2014；郭明等，2009）。产业结构战略性调整作为产业结构优化升级的主要特点，科技发展至关重要，发展现代制造业与现代服务业是产业结构调整与升级的主要内容。要发展现代制造业与服务业，需要提升中小企业的资源禀赋结构，增加第三产业的技术含量与市场化程度，中小企业受到金融排斥程度是否会通过影响资金配置效率进而阻碍产业结构的战略性调整？由于我国地区发展不均衡，企业信贷资金配置失衡问题同样显著，那么，金融排斥在区域经济发展不平衡方面有何具体表现？要弄清楚这些问题，首先需要分析金融排斥的理论形成机制与金融排斥结构效应的研究机理，这对于缓解金融排斥，增加企业财务结构的稳健性、推进产业结构调整与升级、改善经济增长的地区结构有重要的实践意义。由此，本书尝试以中小企业作为切入点，构建金融排斥的结构效应的理论分析框架，深入挖掘金融排斥的影响因素，探究金融排斥对企业财务结构、产业结构以及对经济增长的地区结构三个方面的影响。

1.3 主要研究内容

本书的研究主体由五个部分组成，分别是：第2章金融排斥的结构效应理论分析；第3章金融排斥评价指标体系设计；第4章金融排斥的财务结构效应分析；第5章金融排斥的产业结构效应分析；第6章金融排斥的经济增长地区结构效应分析。这五个部分中，第2章是本书的理论基础，归纳了金融排斥的理论生成机制与金融排斥结构效应分析机理；第3章是金融排斥指数的构建，这是本书的研究支柱之一，即金融排斥指数构建的方法论创新；第4章到第6章为金融排斥的结构效应实证分析，在第3章构建金融排斥指数的基础上，将中小企业作为研究对象，从企业、产业与地区层面构建金融排斥的结构效应分析框架，并对我国现实进行实证研究，这是本书的研究支柱之二，是实践研究的主要内容。最后，基于理论分析与实证结果提出缓解金融排斥、改善经济增长地区结构的结论与政策建议。

第2章为论文的理论基础。首先，基于金融伦理理论，提出普惠金融的理论的指导思想，进而引出金融排斥理论；其次，基于信息不对称理论、信贷配给理论、企业成长周期理论，引出金融排斥的形成机制；最后，基于金融发展理论与中小企业的发展现状，引出本书研究的主要问题。基于中小企业的发展现状，得出中小企业是推动我国实体经济增长与就业的主要力量，中小企业在规模以上工业企业与第三产业企业数量上均占有绝对优势，然而，其同时具有劳动密集度高、技术与资本有机构成低、市场化程度较低的特点，中小企业在区域结构方面存在区域发展不平衡的现状。由此，金融排斥通过影响中小企业融资效率是否降低了企业财务结构的稳健性、阻碍产业结构的优化并进一步加剧经济增长的区域失衡问题，引出了本书研究的主要问题。本章以金融排斥理论为基础，基于中小企业的发展现状，构建了金融排斥的结构效应的研究框架。

第3章为金融排斥指标体系的设计。首先对金融排斥的指标进行设定，从金融供给方排斥、技术条件排斥、金融需求方排斥三个方面构建金融排斥的五维度指标体系。其次，确定金融排斥综合指数的设计原理以及计算方法。最后，对金融排斥指数的测度结果进行分析，探究了金融排斥的影响因素，并提出缓解金融排斥的对策及政策启示。

第4章到第6章为金融排斥的结构效应实证分析，在第3章构建金融排斥指数的基础上，实证分析了我国金融排斥对企业财务结构、产业结构与经济增长的地区结构的影响。第4章首先对企业财务结构影响因素的现有文献进行梳理，得出已有研究主要以主板上市企业为研究对象，对企业财务结构的研究大多从公司总体特征与治理结构的角度检验权衡理论与优序融资理论在我国企业的适用性，而以中小企业为研究对象，并且从金融排斥视角进行研究的文献较少，引出金融排斥对企业财务结构影响的研究问题。其次，从理论上分析了中小企业金融排斥的财务结构效应的影响机制。实证分析部分运用 2010—2014 年 CSMAR 中小企业板面板数据研究了金融排斥对企业财务结构效应的影响。最后提出缓解金融排斥、增强企业财务结构稳健性的结论与管理启示。

第 5 章首先对产业结构影响机理与决定因素的研究文献进行梳理，发现国内外学者在金融层面主要围绕金融发展、信贷供给与资本配置效率之间的关系展开，金融排斥作为中小企业融资难的直接表象，从金融排斥视角对产业结构影响的研究还比较少。中小企业作为推动经济增长的主力军，具有劳动密集型、技术有机构成较低、市场化程度较低的特点，那么，金融排斥是否会通过影响企业资源禀赋的转化升级、市场化程度的提升而对产业结构的优化产生影响？由此引出金融排斥对产业结构影响的研究问题。其次，从理论上分析了金融排斥对产业结构的影响机理。实证分析部分运用我国 2010—2014 年省际面板数据研究了金融排斥对产业结构指标的影响。最后基于理论分析与实证结果提出缓解金融排斥、推进产业结构升级的结论与政策建议。

第 6 章首先梳理了经济增长地区结构影响机理与决定因素的研究文献，发现从金融层面对经济增长地区结构的研究主要基于金融发展理论与金融资源理论，围绕区域金融发展与经济增长之间关系展开，而从金融排斥视角对经济增长地区结构影响的研究比较少。由于我国地区发展不均衡，资源配置的地区差异也比较大，那么，金融排斥是否会通过影响企业融资效率对经济增长的地区结构产生影响？由此提出了金融排斥对经济增长的地区结构影响的研究问题。其次，从理论上梳理了金融排斥对地区经济增长的理论研究框架。实证分析部分运用 2010—2014 年我国省际面板数据研究了金融排斥指标对各省及东中西部三大区域经济增长的影响。最后，基于理论分析与实证结果提出缓解金融排斥、改善经济增长的地区结构的结论与政策建议。

最后一章在前文基础上，得出缓解金融排斥、优化企业财务结构与产业结构、改善经济增长的地区结构研究结论、研究启示与政策建议。

综上，本书的研究重点可归纳为三个问题：一是金融排斥的理论生成机制与金融排斥结构效应的影响机理；二是金融排斥指数构建的方法论创新；三是金融排斥结构效应的框架构建与实证分析。研究的主要问题如图1-1所示。

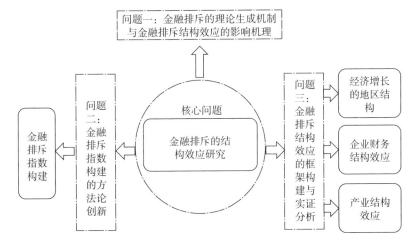

图1-1 本选题研究的主要问题

资料来源：作者整理。

1. 金融排斥结构效应研究的核心基础问题，即金融排斥的理论基础

为什么要缓解金融排斥？金融排斥对企业财务结构、对产业结构以及对经济增长的地区结构的影响机制是什么？这是本书的核心问题。本书第2章从理论上分析了金融排斥的理论生成机制，揭示金融排斥结构效应的影响机理，为缓解金融排斥，发展普惠金融作理论指引。

2. 金融排斥的指数构建的方法论创新

本书第 3 章确定了金融排斥指标的维度，挖掘金融排斥的指标体系的设计原理与方法，并对金融排斥指数的测度结果进行分析。这是本书需要重点攻克的第二个问题。

3. 金融排斥的结构效应分析

本书第 4 章至第 6 章以中小企业为切入点，从企业、产业与地区层面构建金融排斥结构效应的分析框架，并结合我国现实分析了金融排斥对企业财务结构、对产业结构及对经济增长的地区结构的影响程度，探究金融服务缺位对企业财务稳健性、产业结构调整与升级、经济增长的区域发展不平衡等经济社会问题造成的影响，这是本书实践研究的重点。

1.4　研究思路与方法

1.4.1　研究思路

本书的研究思路如图 1 - 2 所示，可以描述为以一个核心、三个方面内容为主体的，包括理论基础、方法论创新、实践与政策设计的系统性体系。

一个核心是指本书的核心研究问题，即揭示金融排斥的形成机制以及金融排斥结构效应的影响机理。通过对我国金融排斥结构效应的实证分析，提出缓解金融排斥、提高企业财务稳健性、推进产业结构调整与升级、缩小经济增长区域发展不平衡的启示与对策。其中，本书的理论基础包括金融排斥理论、金融排斥的理论形成机制以及金融排斥的结构效应的影响机理。金融排斥方法论的创新以及金融排斥结构效应的实证分析为本书的两大支柱。各部分之间的基本逻辑关系是，以核心问题为出发点，理论分析为基础，金融排斥指数构建以及实证分析为支柱。实证分析包括金融排斥对企业财

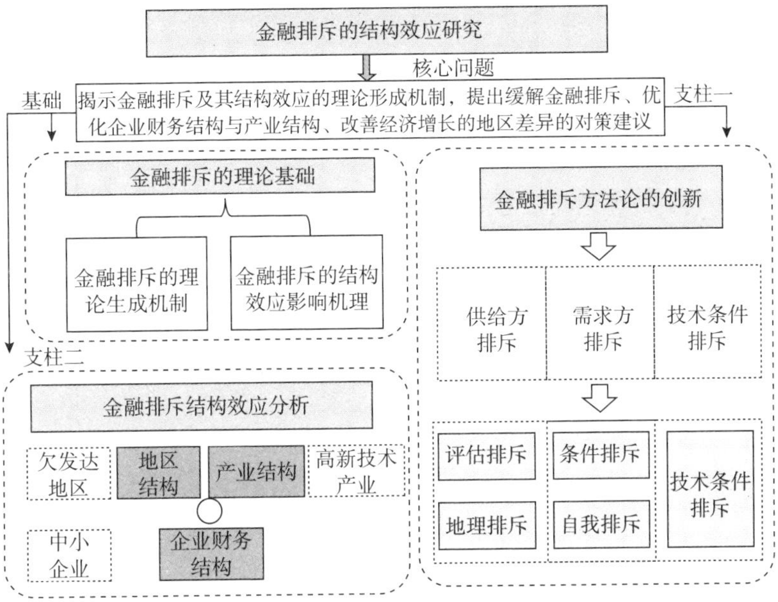

图 1 - 2　技术路线图

资料来源：作者整理。

务结构、对产业结构及对经济增长的地区结构的影响三部分内容，形成三个层面的研究框架，最终服务于理论创新与实践操作方案的基本目标。

1.4.2　研究方法

本书在研究方法上注重历史、现状与未来发展相结合，现象、观点的归纳与一般的理论相结合，微观金融与宏观体系相结合，强调经济学作为经验科学的解释功能。以中小企业为本书的研究视角，从金融伦理观、信息经济学、金融功能观、计量经济学的角度探究"金融排斥的结构效应"的理论分析框架以及实证分析。总体上，本书采用了理论与实践相结合、微观分析与宏观体系建设相结合、归纳与演绎方法相结合、定性分析与定量分析相结合的方法。

1. 理论与实践相结合的方法

国内外现有研究已经对金融排斥形成了较为系统的分析框架，

主要围绕居民、农民等微观个体展开，对金融排斥效应的分析以定性分析为主，而从微观企业的视角对金融排斥进行的研究不多。本书的研究在现有研究成果的基础上，不拘泥于现有理论，而是基于我国历史背景、金融体制的改革现状，对相关理论的研究对象进行拓展，试图将理论与实践进行结合。理论方面，从历史、制度角度对我国金融排斥的背景与产生原因进行分析，结合已有观点与理论探究金融排斥的理论形成以及金融排斥的结构效应分析框架，这是本书的思想路径。具体而言，本书从 20 世纪 80 年代我国金融制度改革出发，对我国金融排斥的形成背景进行分析。理论分析方面，结合金融伦理理论、普惠金融理论引出金融排斥理论；结合信息不对称理论、信贷配给理论、企业成长周期理论引出中小企业融资难的问题；结合金融发展理论引出金融排斥的结构效应研究的影响机理，通过理论分析有助于把握本文的研究方向与主要问题。基于理论分析，本书第 4 章至第 6 章对金融排斥的结构效应进行实证分析，结合我国现实情况，探究了金融排斥对企业财务结构、对产业结构及对经济增长的地区结构的影响，从金融排斥的视角提出增强企业财务稳健性、推进现代制造业与现代服务业的发展、改善经济增长的地区结构的结论与政策启示。

2. 微观分析与宏观体系建设相结合的方法

通过微观分析透析宏观体系建设，有利于构建金融排斥指标维度以及金融排斥结构效应的系统分析框架，而不是孤立、分散地认识问题。本书在金融排斥指标体系的设计以及金融排斥结构效应的分析这两个论文的支柱上均体现了微观金融与宏观金融的结合。一方面，在分维度金融排斥指标的确定上，本书从社会、经济、金融市场等多个方面对金融排斥问题进行分析，而不是单一维度的研究，微观与宏观因素相结合，有助于全面对金融排斥进行测度，也有助于进一步分析其对经济发展的影响效应。另一方面，在对金融排斥结构效应研究的问题上，财务结构效应的研究属于微观层面的效应分析，而产业结构、经济增长的地区结构效应的研究属于宏观层面的效应分析，微观与宏观分析相结合，有助于理解金融排斥对经济发展的影响，并从金融排斥视角提出提升企业财务稳健性、优化产业结构、缩小经济增长的区域差异的启示与对策。

3. 归纳与演绎分析相结合的方法

归纳分析是通过对众多经济现象的考察，总结出一般结论的研究方法；演绎方法是从理论假设出发，经过严密推理得出结论的方法。两者的思维起点不同，归纳分析是从众多个例出发，归纳出一般原理与普遍规律；而演绎分析是从一般原理到个别事物。本书实证分析体现了两种分析的结合，从假设的提出到结论的得出，同时体现了演绎分析与归纳分析。金融排斥的形成机制以及金融排斥的结构效应的影响机制分析主要侧重于归纳分析；基于现实数据，对金融排斥结构效应的实证分析则为两种分析方法的结合。

4. 定性分析与定量分析相结合的方法

定性分析与定量分析相辅相成，定性分析是定量分析的基础，定量分析是对定性分析的深化与验证。在本书中，一些研究结论本身是在已有文献的基础上的逻辑推演，量化水平较低，体现了定性分析的方法，例如第 2 章对金融排斥的理论形成机制以及金融排斥结构效应影响机理的分析即为定性分析；第 4 章至第 6 章主要为定量分析，在已有研究的基础上，运用计量分析方法对金融排斥的结构效应进行量化分析。定量分析与定性分析相互呼应，并通过总结出经济现象背后的普遍规律，为相关金融部门提供缓解金融排斥、增强企业财务稳健性、推进产业结构调整与升级、改善经济增长的地区结构的对策与政策启示。

1.5 研究的创新点

本书旨在通过构建金融排斥指标体系，研究我国金融排斥对企业财务结构与产业结构、对经济增长的地区结构的影响，揭示金融排斥的决定因素，为提高企业财务稳健性、推进产业结构调整与升级、改善经济增长的地区结构提供依据。本节总结了本书的创新点。

第一，深度推进金融排斥理论与金融排斥测量指标、方法及标准，形成理论基础扎实、应用体系完备、标准可靠且操作性强的金融排斥方法论体系。本书在金融排斥指标体系中加入了技术条件排斥这一新的维度。随着信息化普及程度的加深，由于企业信息应用程度不同也会导致部分信息技术欠发达群体被排斥在金融服务体系之外，由此，本书认为已有的评价标准都忽视了技术条件排斥这一关键因素。本书在 Kempson & Whyley（1999）提出的评价标准的基础上，结合 Chakravarty & Pal（2010）从遭受金融排斥主体对金融排斥维度进行分类的方法，加入技术条件排斥，形成金融供给方排斥、技术条件排斥、金融需求方排斥三个方面的金融排斥指标测度体系。

第二，分析视角的创新。在全球金融业高速发展的过程中，不同地区、不同群体获得的金融服务水平存在差异，一些欠发达地区仍然存在着大量无法从正规金融机构获得金融服务的群体。针对这一现象，20 世纪 90 年代，开始了对"金融排斥"的关注。在我国，20 世纪 90 年代末金融改革的实施，我国商业银行开始精简、撤并其地级、县级的分支机构，商业银行从农村等欠发达地区撤出；21 世纪面临来自国际银行的竞争，商业银行更加强调对绩效的考核以及风险的防控，中小企业、贫困个体等弱势群体被排斥在正规金融服务体系之外。中小企业作为推动我国经济增长的重要力量，受到的金融排斥对经济增长造成了什么程度的影响？这是本书研究的重点问题，也引出了本书新的研究视角。本书以中小企业为切入点，研究金融排斥对企业财务结构、产业结构及对经济发展的地区结构的影响，拓宽了金融发展理论的研究范围，丰富了金融发展与经济发展之间关系的研究内容。

第三，实证结论的创新。本书立足金融排斥的理论基础，构建金融排斥指标体系，分析了金融排斥的结构效应影响机理，丰富了金融排斥的实证研究内容。目前，已有文献对金融排斥效应的研究主要为定性分析。本书在研究方法上将定性分析与定量分析相结合，从我国国情出发，运用面板数据，采用多元回归方法对金融排斥的结构效应进行量化分析，分析了我国金融排斥问题对中小企业财务结构的影响，对产业结构的影响，对经济增长地区结构的影响，并提出相应的对策与政策建议。在金融排斥财务结构效应的研究方面，本书以企业财务结构影响机理和实证研究为基础，为中小企业财务结构形成机制提供了新的解释框架，为中小企业融资环境的改善以及财务可持续性提供了解决方案。在金融排斥产业结构效应的研究方面，本书在产业结构影响机理与实证研究的基础上，研究了金融排斥对产业结构的影响，对我国产业结构优化提供了新的分析思路，为推进产业结构调整与升级提供了对策与政策启示。在金融排斥对经济增长的地区结构的影响方面，不同于以往研究多从资本因素、地理因素、经济政策、产业结构、基础设施以及市场化程度等非金融因素视角进行研究，本书试图加入金融排斥因素，将金融因素与非金融因素结合起来对地区经济增长问题进行研究，实证研究分为31个省（直辖市、自治区）与东中西部三大区域两部分，研究了金融排斥对经济增长的地区结构的影响，为改善经济增长的地区结构提供了新的研究思路，并提出缓解金融排斥，缩小经济增长的区域差异的政策与建议。

第四，操作层面的创新。本书以中小企业为切入点，揭示了中小企业金融排斥对企业财务结构、对产业结构、对经济增长地区结构的影响程度，提出了改善我国企业财务结构稳健性、优化产业结构、缩小经济增长的区域差异的启示与对策。从政策层面来看，有助于我国经济结构战略性调整、推进普惠金融体系的构建。从操作层面来看，本书的理论分析以及数据来源均以我国实际情况为背景，得出的结论具有可操作性。

综上，首先本书的研究推进了金融排斥指标体系的测度方法，形成了理论基础扎实、应用体系完备、标准可靠且操作性强的金融排斥方法论体系。其次，结合我国金融改革以及实际情况，以中小企业为切入点，本书研究了金融排斥对企业财务结构、产业结构及对经济增长的地区结构的影响程度以及变化规律，丰富和完善了金融排斥的效应分析框架。再次，本书在金融排斥理论现有研究的基础上，结合定性分析与定量分析的方法，运用我国具体数据，对金融排斥的结构效应进行实证分析，为推进我国经济发展提供了数据支持。最后，本书通过探究金融排斥在经济发展进程中的变化规律，从操作层面给出了减缓金融排斥、增强企业财务结构可持续发展、优化产业结构、改善经济增长地区结构的政策与建议。

第2章 金融排斥的结构效应理论分析

第2章 金融排斥的结构效应理论分析

本章概述了金融排斥理论的生成机制以及金融排斥结构效应的影响机理。首先，从金融伦理思想出发，提出了普惠金融的指导思想，并提出了减缓金融排斥的必要性。通过梳理普惠金融理论与金融排斥理论的形成与发展过程，明确了金融排斥的内涵与外延，本书认为，金融排斥是由于部分经济主体（包括微观个体、中小企业、欠发达地区）没有达到银行等金融机构设定的放贷标准，无法通过正规金融机构公平地获得金融产品和金融服务的现象。其次，具体到中小企业，由信息不对称理论发展而来的信贷配给理论与企业成长周期理论，分别从金融服务的供给方和需求方揭示了中小企业遭受金融排斥的理论原因。最后，本章以金融发展理论为基础，结合中小企业的发展特点，对金融排斥的结构效应的影响机理进行分析。

2.1 金融排斥的理论生成机制

普惠金融与金融排斥既相互对立又相辅相成。缓解金融排斥的实践实际也是建立健全普惠金融体系的实践。普惠金融是在金融伦理思想指导下建立的金融体系。

2.1.1 金融伦理思想

有关金融伦理的研究是当前复杂的国际经济与全球范围频繁爆发的金融危机的客观需求。金融伦理思想由 Yunus 提出。Yunus（2007）认为信贷是全体社会成员的基本权利，应以人与人之间的诚信作为信贷的基础，而不是仅考虑抵押品作为放贷的依据，不能因为某些弱势群体不能提供所需要的抵押品，就认为这类群体没有偿还贷款的意愿和能力，因此将收入较低的群体、中小企业排斥在正规金融体系之外。金融伦理理论的核心包括两个方面：一方面，信贷是人的基本权利。收入较低的群体与中小企业同样享有信贷的权利，Yunus（2007）认为对于弱势群体而言，信贷可以弥补这类群体由于自身资产规模较低或者收入有限，而在社会生活方面遭受的机会不平等。另一方面，信贷的基础包括对他人履行还款责任的能力与行为两个方面的信任。对他人履行还款责任的行为的信任可以更好地维护社会成员对信贷享有的基本权利，一些社会群体尽管暂时无法提供足够抵押品，但是仍然拥有偿还贷款的意愿和能力。对于收入较低的贫困人群，或是资产规模较小的中小企业，向他们放贷是基于对这类群体履行还款行为的信任，而不是他们是否可以提供所需的抵押品。由此可以看出，金融伦理理论主要包括市场化的公平、诚信、个人责任与义务三个方面的问题，围绕金融市场化的公平性与金融关系中人们的责任与义务展开（周肇光，2011）。这与传统的信贷观点不同，传统的信贷观点停留在信贷的第一个层次，即对他人履行责任的能力的信任，而不考虑是否有履行责任的行为。金融机构为了实现利润最大化，对放贷风险进行严格控制，将不能够提供抵押品的融资需求者均排斥在放贷对象之外，这违背了金融伦理思想的核心。

在金融伦理思想的指导下，Yunus 于 1974 年进行了小额信贷扶贫试验，并且在 1983 年创办了格莱珉银行，即孟加拉乡村银行，取得了巨大的成功。格莱珉银行是一种利用社会压力和连带责任建立起来的小额贷款金融机构，始终坚持为穷人提供金融服务的信念。具体而言，格莱珉银行实行的是小组贷款的模式，各成员国之间负有连带担保责任，面向穷人发放无抵押小额贷款，它 30 多年的经营帮助孟加拉国的许多穷人脱离了贫困。Yunus 因其成功创办了格莱珉银行，于 2006 年 10 月获得了诺贝尔和平奖。金融伦理思想从公平正义与伦理道德的角度论证了解决金融排斥问题的必要性，孟加拉乡村银行的成功实践则为世界各国解决金融排斥问题提供了实践经验。

2.1.2 普惠金融理论由小额信贷和微型金融的实践与发展逐渐形成

普惠金融的概念最早在 2005 年联合国宣传小额信贷年时被使用，与小额信贷和微型金融不同，普惠金融强调商业可持续性，是指能够以可负担的成本，为所有社会成员提供有效、全方位的金融服务。普惠金融的含义体现了金融伦理思想的核心理念，包含了公平、包容、效率等伦理维度，保障全体社会成员（包括低收入群体、中小企业在内）均有享受金融产品与服务的基本权利，实现全社会共同发展的目标。

尽管普惠金融这一概念从 2005 年出现至今仅有十几年时间，其形成却经历了一个漫长的过程，普惠金融是在小额信贷和微型金融不断实践和发展的基础上形成的。普惠金融的思想可以追溯到 15 世纪意大利的慈善人士和修道士开展的小额信贷业务。小额信贷旨在为贫困个体和中小企业提供一种小规模的金融服务方式。此后，欧洲和美洲相继出现了一些储蓄信贷协会和共同储蓄银行。例如 18 世纪 20 年代在爱尔兰出现的贷款基金，以及 18 世纪后半叶在德国出现的储蓄银行（包括社区银行、公共储蓄基金）、储蓄信贷合作社。虽然爱尔兰的贷款基金由于金融压抑逐渐退出历史舞台，基于爱尔兰贷款基金的核心思想，德国创办的储蓄银行取得了成功，并扩展到欧洲和亚洲国家。储蓄银行、储蓄信贷合作社的出现推动了小额信贷的发展，为贫困个体和中小企业提供了高利贷之外的金融选择，在消除贫困的同时，可以实现金融机构自身的可持续发展，一举两得，这与现代的小额贷款机构有共同的经济目标和社会目标。现代意义的小额信贷出现在 20 世纪 70 年代，Yunus 创办的孟加拉乡村银行得到了成功实践，帮助孟加拉国的许多穷人脱离贫困，为各国实践小额信贷提供了宝贵的实践经验。

20世纪90年代，小额信贷过渡到微型金融。尽管贫困家庭由于小额信贷的成熟发展得到了基本的金融服务，然而，贫困人群对金融服务的需求不仅局限于单一的信贷服务，还包括更全面、多层次的金融服务。在金融服务需求多层次的推动下，贫困家庭获取的金融服务不只局限于"小额贷款"，而是进一步扩展到多层次、全面的"微型金融"。由此可见，微型金融是广义层面的小额信贷。与小额信贷相比，微型金融从金融服务范围、参与机构和服务对象三个方面拓展了"小额信贷"的含义。一是扩大了金融服务范围，以小额贷款为主，除小额贷款之外，还包括保险、结算等金融服务。二是拓展了参与机构，相比于小额信贷主要由非正规金融机构开展小额信贷支持，微型金融还包括商业银行、金融合作社等正规金融机构开展的金融服务。三是拓展了服务对象，小额信贷的服务对象群体范围比较窄，微型金融在服务对象上还包括特别贫困、住在偏远地区的家庭。

21世纪，随着互联网和信息技术的推广，一个更具平等性、开放性、便利性和草根性的普惠金融体系逐步形成。随着微型金融的进一步发展，商业可持续性受到制约，普惠金融的概念被越来越多的学者推崇，从资助分散的微型金融机构转变为包容性的普惠金融体系。普惠金融更加强调金融机构自身的可持续发展，包括贷款的可回收性与安全性，强调金融体系的完善与金融功能的发挥，强调金融服务的覆盖面（李建军，2014）。在2005年国际小额信贷年会上，普惠金融的概念正式产生。与小额信贷和微型金融相比，普惠金融致力于为全体社会群体提供全方位、多层次的金融服务，建立包容性的金融体系，为国家整体金融发展战略服务。在我国，中国人民银行研究局副局长焦瑾璞在2006年3月召开的亚洲小额信贷论坛上正式使用了"普惠金融"的概念；原国家主席胡锦涛在2012年的二十国峰会上提出"普惠金融的问题本质上是发展问题"；党的十八届三中全会于2013年11月通过了《中共中央关于全面深化改革若干重大问题的决定》，正式提出发展普惠金融，鼓励金融创新的决定。普惠金融的产生意味着金融服务的内涵和外延的扩大，金融服务的广度和深度都得到了提高（焦瑾璞，2010）。

2.1.3 金融排斥理论

金融排斥与普惠金融此消彼长。金融排斥是传统信贷观点的直接体现，即由于部分经济主体（贫困人口、中小企业、欠发达地区）没有达到银行等金融机构设定的放贷标准，难以从金融机构获取金融产品和金融服务的现象。这一方面损害了金融伦理思想下全体社会成员享受信贷的基本权利，损害了金融伦理思想对融资需求者还款行为的信任；另一方面阻碍了普惠金融体系的构建。在全球金融业高速发展的过程中，经济发展水平不同的地区、财务条件不同的社会群体在金融服务水平方面存在差异，在一些欠发达地区，财务水平不佳的群体仍然存在不能从正规渠道获取信贷的现象。针对这一现状，20世纪90年代，开始了对"金融排斥"的关注。

金融排斥没有统一的定义，需要通过表现、成因、测度等多个方面来体现。金融排斥的早期研究是围绕地理学展开的，源于金融服务部门对社区和地方获得金融服务的公平程度的关注。金融排斥作为明确概念的提出始于20世纪90年代，Leyshon & Thrift（1993，1994）指出，金融排斥是由于金融机构从欠发达地区撤出，导致处于该地区的群体由于地理因素制约而难以获取金融产品、金融服务的现象。随着研究的深入，金融排斥从早期的单一维度、静态的概念扩展到包括地理、社会经济，以及金融市场等多方面的、动态复合概念。对金融排斥维度进行系统性论述始于20世纪末，Kempson & Whyley（1999）提出了金融排斥的六维度评价标准：地理排斥、价格排斥、评估排斥、条件排斥、营销排斥和自我排斥。其中，地理排斥是指由于金融机构网点分布不均衡，导致处于金融机构分布较少地区的社会群体在获取金融产品和服务时面临融资难的困境。价格排斥是由于金融产品与服务定价超出某些群体的承受范围，使得这部分群体无法获得金融服务。评估排斥是指由于金融机构的准入条件较高，使得部分群体被排斥在客户群体之外。条件排斥是指金融机构在金融产品上附加了额外的条件，使得部分群体受到排斥。营销排斥是指金融机构在市场营销的过程中，将部分群体排斥在客户群体之外。自我排斥是被排斥者出于对自身财务的认识，主动对自己进行排斥。由此可以看出，地理排斥、价格排斥、条件排斥以及评估排斥均为金融机构对被排斥对象主动进行的排斥，自我排斥是被排斥主体主动对自身进行的排斥。这一分法主要是从金融排斥的具体表现进行分类。此外，Cebulla（1999）根据造成金融排斥的因素不同将金融排斥划分为结构排斥和功能排斥。结构排斥是由于社会结构不合理，处于社会较低等级的群体难以获得金融产品与服务的现象，例如贫困个体、中小企业、欠发达地区等。功能排斥是由于被排斥主体自身条件欠缺而受到的排斥，例如老人、受教育程度较低的群体、残疾人等。

有关金融排斥指数的设计，早期，英格兰东南发展机构（SEE-DA）采用"复合剥夺指数（Index of Multiple Deprivation）"计算金融排斥指数，由于数据缺乏，使得这一方法的推广受到限制。在我国，衡量金融排斥程度时主要采用了问卷调查法、主成分分析法、构建金融排斥指数等方法对我国微观个体、区域受到的金融排斥程度进行了测度分析（高沛星和王修华，2011；李涛等，2010；田霖，2007；夏维力和郭霖麟，2012）。

因此，学者们可以根据研究重点的不同，对金融排斥给出不同的定义。可以根据金融排斥不同的表现或者造成排斥的不同原因选取相应的金融排斥指标，运用分维度指标或者构建金融排斥综合指数对其进行度量。

由以上理论得出，金融伦理思想的提出是当前全球金融危机频繁发生，整个经济体贫富差距逐渐拉大形势下提出的客观需求。与传统信贷思想不同，金融伦理思想将信贷视为全社会成员的基本权利。普惠金融是在金融伦理思想的指导下建立的，其形成经历了小额信贷、微型金融的过渡，形成了更具平等性、开放性、便利性和草根性的普惠金融体系，普惠金融思想与金融伦理思想有共同的核心理念。与此同时，普惠金融的提出意味着金融服务内涵与外延的扩大，不仅局限于信贷，更包括全面、多层次的金融服务，服务机构不仅局限于单个金融机构提供以小额贷款为主的金融服务，还包括覆盖全部社会成员的包容性金融体系，普惠金融已正式成为我国国家体制的一部分，为国家整体金融发展战略服务。金融排斥作为传统信贷观点的直接体现，与普惠金融此消彼长，损害了金融伦理意义下全体社会成员享受信贷的基本权利，因此，无论从公平正义与伦理道德的角度，还是国家整体金融发展战略视角考虑，解决金融排斥都是十分必要的。

2.2 中小企业金融排斥的理论生成机制

对于推动经济增长的主要力量——中小企业而言，由于信息不对称理论，与大型企业相比，银行等金融机构对中小企业的信息了解较少，处于信息劣势方；从中小企业财务条件来看，由于中小企业自身规模较小，可提供抵押物较少等特点，在传统信贷思想下，为了避免放贷风险，金融机构会选择放款给大型企业，中小企业面临较为严重的金融排斥。

2.2.1 信息不对称理论

信息不对称理论就是指交易双方由于一方对另一方的信息了解不充分，导致交易双方利益失衡，处于不平等的地位。这一理论最早由 Akerlof（1970）进行阐述，Akerlof（1970）以二手车市场为例解释了信息不对称理论，他将二手车市场分为保养良好的车与车况较差的车两大类，由于卖方比买方拥有更多的信息，卖方从车主手中购买价低于买方的出价，这样，由于信息不对称，与买方直接从车主手中购买二手车相比，二手车市场存在较大的信息差价。当买主发现自身在交易市场中的不利地位，会刻意压价，以至于买方的出价低于卖方从车主手中收购二手车的价位，使得交易不能顺利进行，为了使交易得以进行，卖方通常采取以次充好的手段满足出价低于二手车收购价的买主，结果是二手车市场充斥着车况较差的车。由于信息不对称的存在，交易双方关系变为委托—代理关系，在交易中具有信息优势的一方为代理人，另一方则为委托人。根据信息不对称理论，信息被视为一种信息租金，其与资本、土地一样是一种生产要素。由此，信息租金成为交易双方相互联系的纽带，信息不对称的双方进行着无休止的博弈。由此可见，由于信息不对称，处于信息劣势的一方，即委托人面临更多的风险，占有信息优势的一方，即代理人可能做出有利于其自身，而有损于委托人的行为，因此，委托人便难以顺利地作出买卖决策，这会打破供求平衡的状态，导致市场效率的降低。由于现实对自由市场完全信息假设的打破，信息经济学逐渐成为新的市场经济理论的主流。

2.2.2 信贷配给理论

Stiglitz & Weiss（1981）首先运用信息不对称理论对信贷配给进行研究。他们认为，在信息不对称的条件下存在道德风险与逆向选择，放贷者对利益与风险进行权衡会导致信贷配给的发生。由此，信息不对称会使银行等金融机构采用信贷配给，而不是提高利率进行放贷对象的选择。在我国，20 世纪 80 年代以前，融资理论停留在农业信贷补贴理论，即通过向农业部门注入政策性资金、建立非营利性的专门金融机构进行资金分配。20 世纪 80 年代之后，我国开始强调市场机制的配置作用，效率低下的农业信贷补贴论逐渐被金融市场论取代，出现了信贷市场。在这样的理论基础与现实背景下，某些企业即使愿意支付较高的利息也被排斥在放贷对象之外。中小企业由于财务制度不健全，信息披露不充分，其与银行等金融机构之间必然存在信息不对称，因此，放贷方通过权衡风险与收益，自然会偏好于财务制度更健全、信息披露更充分的大型企业。

2.2.3 成长周期理论

成长周期理论最早由 Begrer & Udell（1998）提出，是指企业的融资结构会随着资产规模、信息等约束条件的变化而随之发生变化。其基本规律是，当企业处于成长阶段的早期，外源融资的约束比较紧，相应的融资渠道也比较窄。与此同时，Berlin & Mester（1998）将银行贷款分为市场交易型和关系型。其中市场交易型贷款多为一次性交易，主要依赖于借款人易于量化、传递的硬信息；而关系型贷款主要是交易双方隐含的长期合约，是银行对借款人保持监督、谈判之后形成的长期合作关系，主要依赖于难以量化、传递的软信息。由此，关系型贷款有助于解决中小企业与银行之间的信息不对称问题，减少对企业抵押的要求，增强银行对中小企业的放贷意愿。

2.2.4 中小企业融资难是金融排斥的直接表现

由以上理论分析可知，信息不对称理论为中小企业融资难问题奠定了理论基础，由信息不对称理论发展而来的信贷配给理论、企业成长周期理论分别从金融产品和服务的供给方与需求方揭示了融资难的理论原因。对中小企业融资难的研究过去主要从企业自身条件与制度因素进行研究，围绕融资难的形成机制与解决新措施展开。从企业规模角度来看，企业融资难的原因在于金融服务与产品供求双方信息不对称（全国工商联课题组，2010；白石，2004）；从金融服务提供者的角度来看，企业融资难的原因在于银行等金融机构出于获取利润、减少风险的考虑，其对中小企业放贷意味着单位贷款处理成本的增加，因此，金融机构对中小企业提供的贷款规模较小（Loury，1998）；从公司体制的角度来看，中小企业融资难是国家渐进式改革中的内生现象，由于中小企业以私营企业与个体工商户为主，大多属于非国有企业，其与国有金融之间的联系不紧密，导致中小企业融资难的发生（Ge & Qiu，2007）。以上研究从不同角度对中小企业融资难问题进行研究，以局部分析为主。中小企业融资难作为金融排斥的直接表现，要对金融排斥问题进行系统的认识与把握，需要构建金融排斥的指标体系。

基于金融排斥理论，金融排斥可以从金融供给方排斥和金融需求方自我排斥两个方面进行测度。具体而言，金融排斥的产生可能是由于金融产品与服务的供给方评估条件过高、地理分布不均衡，也可能是由于金融产品与服务的需求方（包括微观个体、中小企业）通过对自身条件的判断，主动将自身排斥在正规金融体系之外。由信息不对称理论可知，由于中小企业与银行等金融机构之间存在信息不对称，银行等金融机构作为信息劣势方难以顺利地作出信贷决策，这会打破供求平衡的状态，导致市场效率的降低。一方面，中小企业与金融机构之间的信息不对称会使银行等金融机构采用信贷配给，而不是提高利率进行放贷对象的选择，导致中小企业面临来自银行等金融机构供给方的主动排斥。另一方面，由于中小企业自身资产规模比较小，处于企业成长阶段的早期，外源融资的约束比较紧，相应的融资渠道也比较窄，中小企业会受到金融供给方排斥以及金融需求方排斥。此外，对于信息应用程度较低的中小企业，其与银行等金融机构之间的沟通机制不健全，与金融机构之间的联系不紧密，导致中小企业受到技术条件排斥。在金融供给方排斥、技术条件排斥、金融需求方排斥三方面的共同作用下，与大型企业相比，中小企业受到的金融排斥比较严重。

2.3　金融排斥的结构效应理论分析

如果将普惠金融的发展作为金融发展的宽度来衡量，从地区、企业与产业层面研究金融排斥的结构效应，相当于从反面论证了金融发展和经济发展之间的关系，近年来兴起的对金融宽度的关注无疑为金融排斥的研究提供了新的研究视角。从这种意义上而言，研究金融排斥的结构效应，将金融发展理论的研究对象往前推进了一步。本节以金融发展理论为基础，结合中小企业的发展特点及其在实体经济、就业、区域分布方面的表现，试图分析金融排斥结构效应的影响机理。

2.3.1　金融发展理论

20 世纪 60 年代以前，发展经济学处于第一阶段，结构主义发展思路占主导地位，在这一阶段，金融作为工业化、计划化和资本积累的工具而处于被支配地位，因此，西方发展经济学家并没有对金融问题进行专门研究。20 世纪 60 年代中后期，发展经济学进入第二阶段，新古典主义逐渐取代结构主义发展思路而占主导地位，金融市场的作用开始受到重视。金融发展理论主要研究金融发展与经济发展的关系，发掘经济增长的最大潜能。本节分别从金融发展理论的萌芽（包括格利和肖的金融发展理论、Patrick 的金融发展理论）、金融发展理论的基础（戈德史密斯的金融结构理论）、金融发展理论的建立（麦金农和肖的金融抑制论、金融深化论）及金融发展理论的进一步发展四部分介绍了金融发展理论的发展过程。

1. 金融发展理论的萌芽

（1）格利和肖的金融发展理论

格利和肖分别于 1955 年和 1956 年发表《经济发展中的金融方面》和《金融中介机构与储蓄—投资过程》两篇论文，研究了金融在经济发展中的作用，标志着金融发展理论研究的启动（格利，1955；肖，1956）。他们建立了由简单向复杂逐步演进的金融发展模型，表明社会金融制度从不发达向发达演进是通过金融技术的创新与提升。因此，经济的发展阶段越高，经济对金融技术的依赖程度越高，金融发挥的作用就越大。之后，格利和肖在 1960 年出版了《金融理论中的货币》，认为金融的发展是推动经济发展的动力和手段，他们研究了广义货币金融理论，包含多种金融资产、多样化金融机构与完整的金融政策（格利和肖，2006）。

（2）Patrick 的金融发展理论

Patrick（1966）提出需求带动和供给引导的金融问题，认为经济增长与金融产品、金融服务之间存在互为因果的关系。一方面，经济增长产生的需求会推动金融机构以及相关金融服务的出现；另一方面，金融机构及相关的金融服务的提供会形成引致需求，并推动经济的发展。

2. 金融发展理论的形成基础——金融结构理论

20 世纪 60 年代末，比利时的美籍经济学家戈德史密斯提出的金融结构理论为金融发展理论奠定了基础。戈德史密斯在 1969 年出版了《金融结构与金融发展》一书，认为一国金融发展可以通过金融结构的变化来实现（戈德史密斯，1996）。他研究并分析了 35 个国家近 100 年的资料，认为不同国家尽管经济发展速度不同，但是金融结构的发展呈现出一定的规律性，并在此基础上确立了衡量一国金融结构和金融发展水平的指标体系，认为金融相关率与经济发展水平之间呈正相关关系。戈德史密斯（1996）指出金融结构是指目前存在的各种金融工具和金融机构的总和。具体而言，金融发展对经济发展的作用可以看成，以经济单位的债权凭证和所有权凭证为基本形式的金融结构，通过金融中介机构为资金的融通提供便利，促使资金转移到资金需求方，促进社会收益的提高。戈德史密斯提出的金融结构理论为金融发展理论奠定了基础。

3. 金融发展理论的建立

1973 年，麦金农和肖分别出版了《经济发展中的货币与资本》与《经济发展中的金融深化》，论证了金融发展与经济发展之间存在相互影响和相互制约的关系，标志着金融发展理论的建立（麦金农，1997；肖，2015）。麦金农和肖以发展中国家为研究对象，对金融发展与经济发展之间的关系提出了"金融抑制"（Financial Repression）与"金融深化"（Financial Deepening）两种理论，引起了学术界强烈的反响。这两种理论考虑了发展中国家货币金融因素，弥补了之前金融发展理论忽视货币金融因素的不足。这两种理论为许多发展中国家在制定货币金融政策和改革实践中提供了理论基础。

（1）金融抑制论

1973年，麦金农出版了《经济发展中的货币与资本》，提出金融抑制理论（麦金农，1997）。金融抑制论以发展中国家为研究对象，认为由于发展中国家对金融活动的限制，包括货币管理当局对金融机构的市场准入、市场经营与退出实施严格管控，或者通过行政手段控制金融机构资金流向等，导致利率和汇率不能真实地反映资金供求和外汇供求关系。这一方面会通过利率管制限制信贷资金的供给数量，导致信贷配给，降低信贷资金的配置效率；另一方面会降低银行储蓄资金数量，由于利率的严格管制，货币持有者的实际收益比较低，微观经济主体会减少以银行储蓄、存款等形式持有的货币，而转向实物持有形式，这会降低银行储蓄资金。由投资与储蓄机制可得，储蓄资金的降低会导致投资相应减少，经济发展速度减慢。总之，金融管制对金融市场机制的代替会导致金融整体功能的丧失，并阻碍经济发展，这一过程被麦金农称为金融抑制。

（2）金融深化论

肖在1973年出版了《经济发展中的金融深化》，认为金融深化有助于金融市场发展。一方面，健全的金融体制能够提高储蓄—投资转化效率，从而促进经济发展；另一方面，经济发展有利于国民生活水平的提高与收入水平的提高，刺激经济活动主体对金融产品与服务需求的增加，推动金融的发展。金融发展与经济发展的良性循环过程被称为"金融深化"。肖（2015）指出金融深化包括金融规模的不断扩大，金融工具、金融机构的不断优化及金融市场机制或市场秩序逐步健全、金融资源在市场机制的作用下得到优化配置三个层次。这三个层次的金融深化互为因果，相互影响。反之则为金融发展与经济发展的恶性循环。许多发展中国家由于金融制度不健全，政府对金融管制比较多，从而造成了金融抑制，制约了经济发展，表现为该国的金融发展与经济发展之间形成恶性循环的状态。

根据金融深化论，发展中国家应从实际出发进行以金融自由化为核心的金融体制改革，减少政府对金融机构、金融市场的干预和管制，推进金融深化，促进金融市场的发展，实现利率市场化，使利率真实地反映资金市场的供求变化，由市场机制决定生产资金的流向，提高资金配置效率，促进经济增长。

3. 金融发展理论的进一步发展

通过以上金融发展理论可得，格利和肖的金融发展理论提出了金融对经济发展的影响，Patrick 的金融发展理论认为金融发展与经济发展之间互为因果关系，是金融发展和经济增长理论的萌芽。戈德史密斯提出的金融结构理论奠定了金融发展理论的基础，认为金融中介机构为资金的融通提供便利，促使资金转移到资金需求方，促进社会收益的提高。金融抑制与金融深化理论对发展中国家金融发展与经济增长的关系进行了研究，认为发展中国家存在对金融机构以及利率的管制，金融管制对金融市场机制的替代阻碍了发展中国家经济的增长。因此，金融深化理论认为发展中国家应实行以金融自由化为核心的金融体制改革，促进金融市场的发展与经济增长。

随着20世纪80年代发展中国家金融深化的结果不尽如人意，经济学家开始对金融抑制论与金融深化论进行反思和探讨。经济学家通过分析麦金农和肖提出的金融抑制论和金融深化论之后认为，金融深化论主要考虑了发展中国家利率约束的问题，而没有将发展中国家信息约束、制度约束等作为假设前提条件，这与发展中国家的国情不符。此外，金融深化主要考虑了金融自由化对金融市场的积极影响而忽略了金融自由化对发展中国家的消极影响，例如金融自由化带来发展中国家资本项目的开放，会导致国际资本流入本国金融市场造成经济波动。经济学家在反思与批评麦金农和肖金融深化论的同时，提出了各自的观点，其中以金融约束论为重要代表。斯蒂格利茨在新凯恩斯主义学派的基础上总结了发展中国家金融深化不尽如人意的原因，认为政府应该确立一定的原则对金融市场采取间接控制机制。托玛斯·赫尔曼等（1997）在此基础上提出了金融约束的理论分析框架。托玛斯·赫尔曼等（1997）指出，政府可以通过控制存贷款利率、限制市场准入条件、管制直接竞争，调控租金在生产企业与金融企业之间的分配，从而调动各部门生产、投资、储蓄的积极性，促进金融深化。金融约束与金融抑制不同，金融约束创造了租金机会，而金融压抑只产生了租金转移。金融约束论是为民间部门和金融机构创造租金机会，促使各部门经济收益递增和福利的增加；而金融抑制会造成财务由民间部门向政府转移的过程，结果是经济增速的减慢与福利的降低。

综上，在金融抑制理论下，政府通过引导金融资源流入大型企业与国有经济部门，导致中小企业与非国有经济部门得不到相应的融资支持。在金融约束下，银行部门由于缺乏竞争，对中小企业支持力度不足，中小企业融资需求得不到满足。根据金融发展理论，金融对经济增长的作用受到越来越多的重视，有关金融发展与经济增长关系的研究内容也不断得到丰富。

2.3.2 金融排斥的结构效应的影响机理——以中小企业为研究视角

1. 我国金融结构特点为间接融资占主导

就金融结构而言，我国在 1978 年以前，实行计划经济，银行内部实行"统收统支"的信贷资金管理制度。1978 年金融改革以后，商业银行从政策性银行中分离出来，金融结构发生显著变化。目前，金融在我国经济增长中发挥着重要的推动作用，不过，我国金融结构仍存在间接融资占主导、直接融资发展不足的结构失衡问题。据《中国统计年鉴》数据，1978 年以来，我国实际 GDP 逐年增长，1978 年至 2014 年我国实际 GDP 增长率的平均值为 9.76%；我国 2000 年加入 WTO 以来，实际 GDP 增长率于 2007 年达到最高水平 14.20%；近年来，我国实际 GDP 的增长率有所下降，截至 2014 年，实际 GDP 增长率为 7.27%❶，降至 2000 年以来的最低水平。在经济高增长后，我国经济发展由追求数量向质量与效益的提高转变，经济结构调整提上日程。十八大报告明确指出，推进经济结构战略性调整，通过解决重大结构性问题推动经济的可持续发展，其中，优化产业结构是推进经济结构战略性调整的重点之一。

2. 中小企业是推动我国实体经济增长与就业的主要力量

如表 2-1 与图 2-1 所示，从中小企业数量占规模以上工业比重来看，中小企业占规模以上工业企业总数的比重平均为 95.26%。因此，中小企业在规模以上工业企业数量上占有绝对优势。在不同所有制中小企业中，私营企业数量占中小企业的比重最高，为 56.33%，其占规模以上工业企业的比重高达 99.16%。由此可见，私营企业作为中小企业的主力军，占规模以上工业企业数量的 99.16%。

表 2-1　不同所有制中小企业数量分布

不同所有制企业	规模以上工业企业数量（家）	中小企业数量（家）	中小企业占规模以上工业比重（%）	不同所有制企业占中小企业比重（%）
私营企业	194945	193300	99.16	56.33
有限责任公司	69439	67150	96.70	19.57
外商投资企业	31200	29309	93.94	8.54
港澳台商投资企业	26202	24860	94.88	7.24
股份有限公司	9077	7835	86.32	2.28
其他企业	7172	7078	98.69	2.06
国有企业	6831	6070	88.86	1.77
集体企业	4817	4718	97.94	1.37
股份合作企业	2384	2347	98.45	0.68
联营企业	479	468	97.70	0.14

资料来源：作者根据《中小企业年鉴》（2014）不同所有制中小企业数量数据整理。

---

❶ 数据来源：作者根据《中国统计年鉴》（2015）国内生产总值指数数据整理。

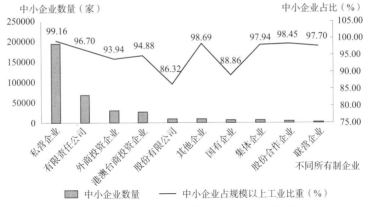

图 2 - 1 中小企业占规模以上工业企业比重

资料来源：作者根据《中小企业年鉴》（2014）不同所有制中小企业数量数据整理。

如表 2 - 2 所示，2010—2014 年，我国私营规模以上工业企业工业增加值增速分别为 20.00%，19.50%，14.60%，12.40% 与 10.20%，尽管增速逐年下降，但仍然高于国有工业企业和规模以上工业企业工业增加值增速。图 2 - 2 可以明显得出，私营规模以上工业企业工业增加值增速显著高于国有工业企业与其他所有制工业企业。从利润总额来看，截至 2014 年，规模以上私营企业全年实现利润 23550 亿元，比 2013 年 20876.2 亿元增长 12.81%，远高于全国 8.47% 的增长率。❶ 由此可见，中小企业在拉动实体经济发展中贡献突出。

表 2 - 2 　2010—2014 年规模以上工业企业工业增加值增速 　　单位:%

年份	规模以上工业企业	国有及国有控股企业	私营企业	股份制企业	股份合作企业	集体企业	外商及港澳台投资企业
2010	15.70	13.60	20.00	16.80	14.00	9.40	14.50
2011	13.90	9.90	19.50	15.80	14.70	9.30	10.40
2012	10.00	6.40	14.60	11.80	6.50	7.10	6.30
2013	9.70	6.90	12.40	11.00	6.90	4.30	8.30
2014	8.30	4.90	10.20	9.70	7.20	1.70	6.30

资料来源：作者根据国家统计局规模以上工业企业工业增加值增长速度数据整理。

---

❶ 数据来源：作者根据《中国统计年鉴》（2014，2015）规模以上工业企业主要指标整理。

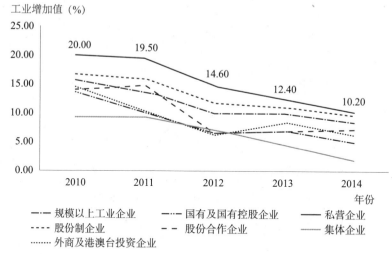

工业增加值（%）

图 2-2　2010—2014 年按类型分规模以上
工业企业工业增加值增速

资料来源：作者根据国家统计局规模以上工业企业工业增加值增长速度数据整理。

　　如表 2-3 所示，第三产业十大行业法人单位中，私人控股企业在第三产业法人单位中占比最大，均值为 82.78%，远远高于国有控股企业、集体控股企业、港澳台商控股企业与外商控股企业，说明中小企业在第三产业企业数量上占有绝对优势。据《中国企业年鉴》数据统计，截至 2013 年，个体工商户在第一产业数量为 93.36 万户，占比为 3.94%；在第二产业数量为 324.36 万户，占比为 6.35%；在第三产业数量为 4018.57 万户，占比为 88.81%。❶ 由此可见，个体工商户主要集中在第三产业，这一结果进一步证实了第三产业企业具有明显的中小企业特点。

---

　　❶　数据来源：作者根据《中国企业年鉴》（2014）新登记个体工商户十大行业占比数据整理。

表 2 – 3　第三产业十大行业法人单位数占比　　　单位:%

第三产业法人单位数占比	国有控股	集体控股	私人控股	港澳台商控股	外商控股	其他
批发和零售业	1.63	2.02	88.37	0.46	0.61	6.92
住宿和餐饮业	4.28	3.13	83.68	0.96	0.91	7.04
居民服务、修理和其他服务业	1.69	2.99	87.78	0.27	0.30	6.97
农林牧渔业	2.20	4.92	67.17	0.13	0.07	25.51
交通运输、仓储和邮政业	6.22	3.39	81.81	0.81	0.57	7.21
租赁和商务服务业	3.58	3.53	83.81	0.71	0.82	7.55
信息传输、软件和信息技术服务业	2.65	0.90	86.91	1.34	1.96	6.24
文化、体育和娱乐业	3.66	1.39	88.06	0.31	0.22	6.37
科学研究和技术服务业	4.45	2.55	81.88	0.69	1.00	9.43
房地产业	5.72	4.51	78.31	1.68	0.85	8.92
均值	3.61	2.93	82.78	0.73	0.73	9.22

资料来源:作者根据《中国第三产业统计年鉴》(2014)第三产业法人单位数据整理。

如表 2 – 4 所示,截至 2014 年年底,全国私营企业与个体工商户就业人数达到 24974 万人,较 2013 年 21856 万人增加了 3118 万人,增长率达到 14.27%。其中,截至 2014 年,私营企业就业人数为 14390 万人,个体工商户就业人数为 10584 万人,分别较 2013 年年底增长了 14.93% 与 13.38%(如表 2 – 4 与图 2 – 3 所示),远高于国有企业与全国就业人数增长率。由此可见,中小企业已经成为吸纳社会劳动力的主要力量。

表 2 – 4　2010—2014 年就业基本情况

年份	私营企业		个体工商户		国有企业		就业人员总计	
	就业人数(万人)	增长率(%)	就业人数(万人)	增长率(%)	就业人数(万人)	增长率(%)	就业人数(万人)	增长率(%)
2010	9418	9.42	7007	6.39	6516	1.50	76105	0.37
2011	10354	9.94	7945	13.39	6704	2.89	76420	0.41
2012	11296	9.10	8629	8.61	6839	2.01	76704	0.37
2013	12521	10.84	9335	8.18	6365	− 6.93	76977	0.36
2014	14390	14.93	10584	13.38	6312	− 0.83	77253	0.36

资料来源:作者根据《中国统计年鉴》(2015)就业基本情况数据整理。

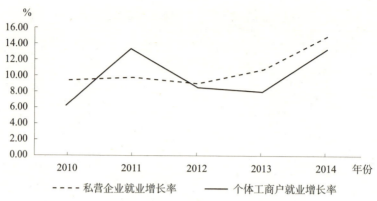

图 2 - 3　2010—2014 年私营企业、个体工商户就业增长率

资料来源：作者根据《中国统计年鉴》（2015）就业基本情况数据整理。

3. 中小企业的区域分布特点

由于我国各省（直辖市、自治区）自然条件与资源状况不同，我国中小企业存在显著的区域发展不平衡的特点。我国不同区域中小企业主要指标所占比重如表 2 - 5 所示。从中小企业数量分布看，区域发展不平衡体现在东部地区中小企业数量高于中西部地区与东北地区。其中，截至 2013 年，东部地区中小企业达到 20.21 万家，占中小企业数量的 58.90%。从资产规模、主营业务收入与利润总额来看，我国中小企业区域分布不均衡，如表 2 - 5 所示，东部地区中小企业的企业数量、资产规模、主营业务收入与利润总额占中小企业的比重在四大区域中居首，中部地区次之，东北地区比重较低。其中，东部地区中小企业资产规模占中小企业总资产规模比重高达 55.16%，其主营业务收入与利润总额占中小企业比重分别为 56.61% 与 55.80%。❶

---

❶ 数据来源：《中小企业年鉴》（2014）P73。此处将我国区域划分为东部地区、中部地区、西部地区与东北地区四个区域。其中，东部地区包括北京、天津、河北、上海、江苏、浙江、福建、山东、广东和海南 10 个省（直辖市、自治区）；中部地区包括山西、安徽、江西、河南、湖北和湖南 6 个省；西部地区包括内蒙古、广西、重庆、四川、贵州、云南、西藏、陕西、甘肃、青海、宁夏和新疆 12 个省（直辖市、自治区）；东北地区包括：黑龙江、吉林、辽宁 3 个省。

表 2 – 5　我国不同区域中小企业主要指标所占比重　单位:%

区域	企业个数	资产规模	主营业务收入	利润总额
全国	100	100	100	100
东北	7.72	7.49	9.21	8.24
东部	58.90	55.16	56.61	55.80
西部	12.57	19.28	13.06	13.53
中部	20.81	18.06	21.12	22.43

资料来源: 作者根据《中小企业年鉴》(2014) 不同区域中小企业数据整理。

综上，中小企业在数量上占绝对优势，2013 年全国规模以上中小企业数量为 34.31 万家，占规模以上工业企业数量 35.25 万家的比重高达 97.33%。❶ 表 2 – 6 从全国与区域角度总结了中小企业对规模以上工业企业的贡献程度。如表 2 – 6 所示，从全国来看，中小企业资产规模占规模以上工业企业资产规模的 52.04%，其中，东部地区、中部地区、西部地区、东北地区中小企业资产规模占规模以上工业企业的比重分别为 53.25%，50.59%，51.21% 与 49.26%，这一数据表明我国不同区域规模以上工业企业五成左右的资产分布在中小企业。从全国来看，中小企业主营业务收入占规模以上工业企业的 60.17%，说明我国规模以上工业企业六成以上的主营业务收入由中小企业来实现，其中，不同区域中小企业对规模以上工业企业主营业务收入的贡献度体现为：东部地区 59.38%，中部地区 63.14%，西部地区 56.20%，东北地区 65.07%。从利润总额来看，中小企业贡献了规模以上工业企业六成以上的利润总额，全国中小企业利润总额占规模以上工业企业的比重为 60.73%；分区域来看，中部地区超过七成，其利润总额占规模以上工业企业比重为 70.50%；东北地区超过六成，比重为 64.92%；东部地区接近六成，其利润总额占比为 59.34%；西部地区超过五成，西部地区中小企业

---

❶　数据来源: 作者根据《中小企业年鉴》(2014) 中小企业与规模以上工业企业主要指标整理。

对规模以上工业利润总额的贡献度为51.78%。

表2-6 不同区域中小企业主要指标占规模以上工业企业比重

单位:%

区域	企业个数	资产规模	主营业务收入	利润总额
全国	97.33	52.04	60.17	60.73
东北	98.01	49.26	65.07	64.92
东部	97.28	53.25	59.38	59.34
西部	96.76	51.21	56.20	51.78
中部	97.56	50.59	63.14	70.50

资料来源:作者根据《中小企业年鉴》(2014)不同区域中小企业与规模以上工业企业数据整理。

根据中小企业的所有制结构以及中小企业在实体经济和就业中的特点,中小企业数量占比在规模以上工业企业中占有绝对优势,是我国经济的重要组成部分。规模以上工业企业五成以上的资产分布在中小企业,中小企业创造了规模以上工业企业六成以上的主营业务收入与利润总额,由此可见,中小企业已经成为拉动实体经济的主要力量。中小企业在促进就业方面贡献突出,截至2014年,全国私营企业与个体工商户就业人数增长率远高于国有企业与全国就业人数增长率,中小企业已经成为吸纳社会劳动力的主要力量。中小企业在区域方面的特点为存在明显的区域发展不平衡问题,表现为东部地区中小企业在数量、资产规模、主营业务收入与利润总额上高于中西部地区及东北地区。此外,中小企业由于体制灵活、市场嗅觉灵敏,是科技创新的主要源泉。

然而,中小企业与大型企业相比,资产规模较小、可提供抵押担保物较少,我国金融结构以间接金融为主导,中小企业面临从金融机构融资难、从非金融机构融资贵的难题。中小企业融资难作为金融排斥的直接表现,其在微观层面会对企业自身财务结构产生什么影响?以上对中小企业基本情况的分析表明,中小企业在规模以上工业企业数量上占有绝对优势,已经成为拉动我国实体经济增长与就业的主要力量，服务业也具有明显的中小企业特性，那么，金融排斥是否会通过阻碍融资效率的提高影响产业结构的优化？考虑到中小企业是科技创新的主要源泉，科技创新作为产业结构战略转型的关键所在，研究金融排斥的产业结构效应对产业结构战略转型有重要的现实意义。中小企业作为实体经济增长与就业增长率提升的主要推动力量，其在区域发展方面存在显著的不平衡特点，研究金融排斥在经济增长的地区结构方面的作用效果显得尤为必要。据此，金融排斥对企业财务结构、产业结构及经济增长的地区结构产生的效应成为本书研究的主要内容。本书以中小企业为切入点，研究金融排斥的结构效应。这一研究一方面从金融排斥的视角为经济结构的调整提供启示与政策建议，另一方面拓展了金融发展理论的研究对象，为金融发展与经济增长之间关系的研究提供了新的研究思路。

第3章　金融排斥评价指标体系设计

对于中小企业而言，由于其资产规模较小、可提供抵押担保物较少，在获取银行等金融机构商业贷款方面存在融资难的困境，面临较为严重的金融排斥（Collard 等，2001）。夏维力和郭霖麟（2012）指出，我国九成以上中小企业存在无法从银行等金融机构获取金融服务的情况。金融排斥的理论研究表明，造成中小企业融资难的理论原因是金融服务供求双方的信息不对称性（白石，2004）。中小企业金融排斥过去多以"融资难"问题表现出来，已有对中小企业融资难问题的研究旨在关注融资难的成因、形成机制以及解决措施上，从企业自身条件以及金融服务提供者的角度出发进行解释。银行体系结构视角的研究主要从金融服务提供者的角度展开，研究结果表明银行等金融机构考虑到贷款规模与处理成本，会偏向于放贷给大型企业，而非中小企业（Loury，1998）。公司体制视角的研究与企业规模视角的研究均为从企业与金融服务提供方之间的关系展开，前者主要从企业与金融机构的信用联系出发进行研究，认为中小企业融资难是国家渐进式改革中内生的现象，中小企业的融资困境根源在民营企业与金融机构的信用联系不紧密（Ge & Qiu，2007）；后者认为中小企业在资金获取方面存在"规模歧视"（全国工商联课题组，2010），根据成长周期理论，企业的贷款可得性会随着资产规模、信息等约束条件的变化而发生变化，具体而言，当企业处于成长阶段的初期，企业规模较小，相应的外源融资约束比较紧，融资渠道也较窄，因此，中小企业获取贷款方面比大型企业要困难得多。

综上，已有研究主要从企业自身角度与金融机构的角度分析了中小企业融资难的原因，主要是局部分析，要从总体上把握金融排斥的程度，还需要构建金融排斥指标体系。中小企业融资难是金融排斥的直接表现，金融排斥的影响因素还需要深入挖掘，这是完整、客观地解释中小企业融资难的成因的关键所在。

3.1 金融排斥指标的设定

随着信息化程度的普及，欠发达地区信息基础设施不完善，或者企业技术应用程度不足等因素成为影响金融排斥的原因之一。本书基于 Kempson & Whyley（1999）提出的评价标准，结合 Chakravarty & Pal（2010）从金融排斥群体视角对金融排斥的分类方法，加入技术条件排斥，从金融供给方排斥、技术条件排斥、金融需求方排斥三个方面构建金融排斥指标体系，包括金融排斥的五维度指标评价标准：金融供给方地理排斥、金融供给方评估排斥、技术条件排斥、金融需求方条件排斥、金融需求方自我排斥，本书基于金融排斥的三类性质构建的五维度指标体系如表 3 - 1 所示。

3.1.1 金融供给方排斥指标

金融供给方排斥是指由于金融机构对中小企业评估较为严格，或者由于银行等金融机构地理分布不均衡，导致中小企业等弱势群体面临融资困难的现象，具体包括金融供给方评估排斥与金融供给方地理排斥。金融供给方评估排斥是指由于银行等金融机构对中小企业的评估条件较为严格，从而将这类企业排斥在正规金融体系之外。已有研究表明，中小企业从银行等金融机构获取的贷款是以票据为基础的银行承兑汇票为主（刘萍，2005）。原因在于与传统贷款相比，银行承兑汇票手续简便，期限短，与中小企业等弱势群体流动性资金需求的融资特点相符（Atanasova & Wilson，2004；Ge & Qiu，2007；王秀祥和张建方，2012）。据此，本章选取各省银行承兑汇票累计发生额与中小企业数量的比值作为金融供给方评估排斥的代理变量,评估排斥指标数值越大,表明银行对中小企业的评分越高,放贷越多,评估排斥程度越小。本章将金融排斥指标数值大小与金融排斥程度相反的金融排斥指标定义为正向指标,反之为逆向指标,因此,金融供给方评估排斥是正向指标。

金融供给方地理排斥是指银行等金融机构出于获取利润、减小风险的考虑,减少某些欠发达地区的金融机构数量,使得这些地区的弱势群体难以获得金融服务的现象。本章分 3 个指标对地理排斥进行测度:各省单位地理面积金融机构网点数、各省单位中小企业金融机构网点数、各省单位生产总值金融机构网点数,将这 3 个地理排斥指标运用主成分分析法合成一个地理排斥指标。现有研究多考虑采用各省单位地理面积金融机构网点数作为金融供给方地理排斥的代理变量。对于某些地广人稀、存在非经济活动地理面积的地区而言,单纯考虑各省单位地理面积金融机构网点数这一地理排斥变量会造成某些地区地理排斥程度的高估,并且对于中小企业受到的地理排斥程度测度不准确。为了有效测度金融供给方地理排斥,本章将各省单位中小企业金融机构网点数与各省单位生产总值金融机构网点数纳入地理排斥的指标体系,有效测度地理排斥指标。地理排斥指标数值越大,地理排斥程度越低,因此,金融供给方地理排斥是正向指标。

3.1.2 技术条件排斥指标

随着互联网普及程度的深入,信息化❶建设在金融服务业得到了广泛应用,对传统金融业发展模式和金融理论产生了深刻的影响。技术条件排斥是指中小企业等弱势群体由于信息化普及程度低、企业信息化服务平台数量较少等原因导致中小企业与银行等金融机构之间的

---

❶ 关于信息化的定义,Machlup(1962)首次提出概念相近的"知识产业"概念,之后,Porat(1977)将信息产业范围扩展到社会上所有的信息活动。

信息沟通机制不健全，难以获得必要的金融服务的现象。本章采用中华人民共和工业和信息化部信息化推进司（以下简称"工信部信息化推进司"）区域"两化"融合水平评估企业调查数据"企业信息化应用指数"❶作为技术条件排斥指标的代理变量。技术条件排斥指标数值越大，表示企业与银行等金融机构之间的沟通程度越高，企业从金融机构获得金融服务的可能性越大，技术条件排斥程度越低。

3.1.3　金融需求方排斥指标

　　金融需求方排斥是指中小企业考虑到银行等金融机构贷款手续复杂、时间成本高等因素，主动转向手续简便的非银行融资渠道进行融资的现象。金融需求方排斥包括金融需求方条件排斥与金融需求方自我排斥。金融需求方条件排斥认为中小企业由于融资成本高，从而转向非银行等金融机构进行融资，本章选取中小企业财务费用占负债的比值作为中小企业条件排斥的代理变量，财务费用占比越高，中小企业融资成本越高，表明中小企业在融资渠道的选择上侧重选取非银行等金融机构，导致中小企业从金融机构获取贷款的比例越低。据此，中小企业条件排斥指标数值越大，金融需求方条件排斥程度越大，金融需求方条件排斥为逆向指标。金融需求方自我排斥采用各省非银行融资与银行贷款余额之比作为自我排斥的代理变量，自我排斥指标数值越大，非银行融资占银行贷款的比例越高，表明中小企业对银行等金融机构的排斥程度越大。据此，金融需求

---

　　❶　企业信息化应用指数由四个部分加权平均而得：

生产装备数控化率 $\left(\dfrac{受调查地区企业中拥有数据机床总数}{受调查地区的企业中拥有的机床总数}\right)$；

企业 ERP 普及率 $\left(=\dfrac{受调查的企业中广泛应用\ ERP\ 的企业数}{受调查的企业总数}\right)$；

企业电子商务交易额占比 $\left(\dfrac{受调查的企业中通过电子商务产生的采购和销售额}{受调查的企业采购和销售额}\right)$；

中小企业信息化服务平台数量（统计地区政府投资或合作建立的面向中小企业信息化服务的公共平台数）。四类指标均来源于工信部信息化推进司区域"两化"融合水平评估企业调查数据。

方自我排斥为逆向指标。

表 3-1　金融排斥的五维度指标体系

排斥性质	排斥维度	指标内涵	指标计算	指标方向❶
供给方排斥	评估排斥	金融机构出于风险、利润方面的考虑，对中小企业的评估条件较为严格，将其排斥在正规融资渠道之外	中小企业票据融资均值 = $\dfrac{中小企业银行承兑总汇票累计发生额}{中小企业数量}$	正向
	地理排斥	金融机构由于区域分布不均衡，导致欠发达地区企业难以获得金融服务	单位平方公里金融机构网点数 = $\dfrac{金融机构网点数}{各省地理面积}$	正向
			单位中小企业金融机构网点数 = $\dfrac{金融机构网点数}{中小企业数量}$	
			单位地区生产总值金融机构网点数 $= \dfrac{金融机构网点数}{地区生产总值}$	
技术条件排斥	信息机制排斥	由于部分企业信息技术应用程度不足，导致这部分企业在获取金融产品与服务时面临融资障碍	企业信息化应用指数	正向
需求方排斥	条件排斥	中小企业的融资成本越高，表明中小企业对正规融资机构的排斥程度越大	中小企业融资成本 $= \dfrac{中小企业财务成本}{中小企业负债}$	逆向

❶　本书将金融排斥指标数值大小与金融排斥程度相反的金融排斥指标定义为正向指标，反之为逆向指标。

排斥性质	排斥维度	指标内涵	指标计算	指标方向❶
需求方排斥	自我排斥	中小企业考虑到银行等金融机构放贷手续繁杂、时间成本高，与其融资时效性需求高等特点不符，而主动转向非正规金融体系进行融资	中小企业非金融机构融资比率 $= \dfrac{\text{非金融机构融资规模}}{\text{金融机构贷款余额}}$	逆向

资料来源：作者整理。

3.2　金融排斥综合指数的设计原理与方法

金融排斥的测度可以分为不同维度金融排斥指标的测度与金融排斥综合指数测度。分维度金融排斥指标可以从经济、社会、基础设施等各个方面反映金融排斥程度，金融排斥综合指数则可以从总体上把握金融排斥程度。本章设计的金融排斥综合指数系将上述三类性质的五维度指标通过标准化处理后合成的综合指数。本章借鉴联合国计划开发署编制人类发展指数 *HDI*（Human Development Index）的方法对金融排斥综合指数进行设计❷

3.2.1　金融排斥指标的标准值/测度值

金融排斥指标属性有正向指标与逆向指标之分，本章将金融排斥指标数值越大，对应金融排斥程度越小的指标定义为正向指标，反之

---

❶　本书将金融排斥指标数值越大，对应金融排斥程度越小的指标定义为正向指标，反之则为逆向指标。

❷　指数的基本计算公式为：指数值 $= \dfrac{\text{实际值} - \text{最小值}}{\text{最大值} - \text{最小值}}$。

则为逆向指标。为了统一正向指标与逆向指标，使各维度金融排斥指标的测度值大小与金融排斥程度的方向一致，本章通过式（3-1）与式（3-2）将不同指标方向的金融排斥指标的实际值转化为标准值/测度值。其中，正向指标标准值计算公式如式（3-1）所示：

$$DIM_{i,j} = \theta_i \frac{M_i - x_{i,j}}{M_i - m_i} \qquad (3-1)$$

式（3-1）中，i 表示金融排斥指标维度，对应本章金融供给方地理排斥、金融供给方评估排斥和技术条件排斥三个正向金融排斥指标，j 表示省份，$DIM_{i,j}$ 表示 j 省第 i 维度金融排斥指标的标准值，θ_i 代表 i 维度金融排斥指标的权重，$X_{i,j}$ 为 j 省第 i 维度金融排斥指标的实际值，M_i 与 m_i 分别表示 i 维度金融排斥指标的最大值与最小值❶。

与正向金融排斥指标标准值的计算公式相对应，逆向金融排斥指标的标准值的计算公式如式（3-2）所示：

$$DIM_{i,j} = \theta_j \frac{X_{i,j} - m_i}{M_i - m_i} \qquad (3-2)$$

由各维度金融排斥指标测度值的计算公式可知，五维度金融排斥指标的标准值 $DIM_{i,j}$ 取值范围均介于 $0 \sim \theta_i$ 之间。$DIM_{i,j}$ 的数值越大，表示对应金融排斥指标的金融排斥程度越大。具体而言，当 $DIM_{i,j}$ 取 0 时，表示 i 维度指标的金融排斥程度最小；相反，$DIM_{i,j}$ 取 θ_i 时，表示 i 维度指标的金融排斥程度最大。

3.2.2 合成金融排斥综合指数的各维度金融排斥指标的权重

在计算各维度金融排斥指标的权重之前，首先需要统一各维度金融排斥指标之间的量纲。本章在统一不同维度金融排斥指标的

---

❶ 此处最大值与最小值的计算与人类发展指数不同，人类发展指数最大值与最小值是提前设定好的，而本书是根据实际值进行选取。

测量尺度时采用了客观赋权法中的变异系数法❶。各维度金融排斥指标的变异系数与权重的计算公式如式（3-3）与式（3-4）所示。

各维度金融排斥指标的变异系数计算公式如式（3-3）所示：

$$C \cdot V_i = \frac{SD_i}{\overline{X}_L} \qquad (3-3)$$

式（3-3）中，$C \cdot V_i$ 表示 i 维度金融排斥指标的变异系数，SD_i 表示 i 维度金融排斥指标的标准差，$\overline{X}_l$ 表示 i 维度金融排斥指标的平均值。

计算出各维度金融排斥指标的变异系数后，相应权重的计算公式如式（3-4）所示：

$$\theta_i = \frac{C \cdot V_i}{\sum_{i=1}^{n} C \cdot V_i} \qquad (3-4)$$

3.2.3　金融排斥综合指数

由以上各维度金融排斥指标的权重及标准值/测度值的计算原理可知，各省金融排斥指标的标准值/测度值介于 $0 \sim \theta_i$ 之间，并且各维度金融排斥指标测度值的大小与对应金融排斥程度的表示方向一致。为了保持各省金融排斥综合指数大小与金融排斥程度的表示方向一致，本章将各省金融排斥综合指数的计算公式设计如式（3-5）所示❷：

$$FEI_j = 1 - \frac{\sqrt{\sum_{i=1}^{n} (\theta_i - DIM_{i,j})^2}}{\sqrt{\sum_{i=1}^{n} \theta_i^2}} \qquad (3-5)$$

---

❶ 变异系数法适用于两个或多个资料变异程度的比较，可以消除单位和（或）平均数不同对两个或多个资料变异程度比较的影响。其计算公式为 $C \cdot V = \dfrac{标准差\ SD}{平均值\ X}$

❷ 式（3-5）借鉴 Nathan 等（2009）对人类发展指数（HDI）的改进方法，基于距离的指数测算公式，可以同时满足标准性、单调性、一致性与对称性等优良的数理特性。

式（3-5）中，FEI_j 表示 j 省的金融排斥综合指数，n 表示金融排斥指标个数，这里 n 取 5。由式（3-5）可知，FEI_j 的取值介于 0~1 之间，并且各省金融排斥综合指数大小与该省金融排斥程度的表示方向一致。具体而言，当 FEI_j 为 0 时，j 省的金融排斥程度最小，反之，当 FEI_j 为 1 时，j 省的金融排斥程度最大。

3.3 金融排斥指数的测度结果分析

目前，我国金融宽度的发展滞后于金融深度的发展。我国金融资源在经济欠发达地区配置不均衡，尤其是信贷资源配置不尽合理（李猛，2008）。从我国信贷资金配置的地区差异来看，金融资源的地区分布不均。已有研究对金融排斥空间差异的研究主要围绕农村金融排斥展开，对农村金融排斥的地区差异进行了分析，包括省域差异（许圣道和田霖，2008；陈莎和周立，2012；陈莎等，2012）与县域差异（董晓林和徐虹，2012）。王修华等（2009）对我国金融资源分布的地区差异进行了研究，结果表明我国金融排斥程度的地区分布不均衡与地理分布关系密切，我国金融资源分布的省域差异表现为中西部地区金融排斥程度比较严重。从受到金融排斥的对象来看，不仅包括居民、农户，中小企业作为资源配置的微观主体，受到的金融排斥尤为严重。有关中小企业金融排斥地区差异的研究从定性分析表明中小企业面临严重的金融排斥问题（Collard 等，2001），而定量研究还比较少。例如夏维力和郭霖麟（2012）采用主成分分析法计算了东西部两个地区的金融排斥指数，将这两个地区的金融排斥程度进行定量分析，然而，他们在对金融排斥指标赋权时没有考虑东西部地区各省之间的差异程度。

由以上研究可得，从企业配置方面分析金融排斥的影响因素主要是从金融供给方金融排斥指标进行分析，而没有将金融需求方排斥指标与技术条件排斥考虑进去。本部分将应用上述测算金融排斥的计量方法，从金融服务供给方、金融需求方以及外部环境等方面对金融排斥的影响因素进行挖掘，试图分析我国 31 个省（直辖市、自治区）2010—2014 年中小企业金融排斥的省域差异，实证考察各省中小企业的金融排斥程度，探究金融排斥构成指标的影响度，进而提出消除金融排斥，切实解决中小企业融资难问题的对策思路。

3.3.1　金融排斥指标、参数计算结果

根据各省（直辖市、自治区）指标的构建方法和原则，结合数据的可得性，金融机构网点数、银行承兑汇票累积发生额、非金融机构融资规模来自《各省中国区域金融运行报告》（2010—2014）；金融机构贷款余额来自中国人民银行官网；各省（直辖市、自治区）地理面积与生产总值来自《中国统计年鉴》（2011—2015）；企业信息化应用指数来源于《中国信息化发展水平评估报告》（2011—2015）；中小企业财务成本与中小企业负债来自《中国省市经济发展年鉴》（2014）。金融排斥具体指标的描述性统计如表 3 - 2 所示。

表 3 - 2　金融排斥指标描述性统计

排斥性质	排斥维度	排斥指标	指标属性	M_i[1]	m_i[2]	$\overline{X}_i$	SD_i	$C \cdot V_i$	θ_i
供给方排斥	地理排斥	$X_{1,j}$	正向	1.60	0.29	0.71	0.33	0.46	0.332
	评估排斥	$X_{2,j}$	正向	1.61	0.35	0.86	0.31	0.36	0.260
技术条件排斥	信息机制排斥	$X_{3,j}$	正向	0.55	0.23	0.41	0.09	0.209	0.150
需求方排斥	条件排斥	$X_{4,j}$	逆向	0.04	0.01	0.03	0.01	0.208	0.149
	自我排斥	$X_{5,j}$	逆向	0.24	0.12	0.18	0.03	0.15	0.108

注：表中 $X_{1,j}$ 为各省（直辖市、自治区）金融供给方地理排斥指标的实际值，$X_{2,j}$ 为各省（直辖市、自治区）金融供给方评估排斥指标的实际值，$X_{3,j}$ 为各省（直辖市、自治区）技术条件排斥指标的实际值，$X_{4,j}$ 为各省（直辖市、自治区）金融需求方条件排斥指标的实际值，$X_{5,j}$ 为各省（直辖市、自治区）金融需求方自我排斥指标的实际值。

资料来源：作者整理。

---

[1]　为了避免极端值对结果准确性造成影响，考虑到本书省份数共 31 个，最值分别取各个维度指标值升序排列的第 3 个与第 29 个。

[2]　同上。

如表 3 - 2 所示，金融排斥指标体系中，金融供给方排斥指标权重较大，其中，地理排斥权重最大（33.20%），表明银行等金融机构的网点分布不均衡，地区差异显著；评估排斥次之，权重占比为26.00%，结果表明金融机构对中小企业评估条件存在较大的地区差异；企业信息应用程度的地区差异略大于中小企业自身对金融机构的排斥程度，技术条件排斥、需求方条件排斥、需求方自我排斥的权重分别为 15.00%，14.90% 与 10.80%。

3.3.2 测度结果及分析

1. 各省（直辖市、自治区）金融排斥指数的测度结果比较

基于上一节对各省（直辖市、自治区）金融排斥指标、参数计算结果以及金融排斥指数的构建原理与计算方法，本节对各省（直辖市、自治区）金融排斥指数进行测度，金融排斥指数测度结果如表 3 - 3 所示。在对金融排斥程度进行划分时采用平均值加减标准差的方法，金融排斥指数低于 0.50（含）被认为金融排斥程度较轻，金融排斥指数大于 0.50 小于 0.80（含）被认为金融排斥程度较重，金融排斥指数大于 0.80 被认为金融排斥程度严重。

表 3 - 3　2010—2014 年中国各省（直辖市、自治区）
金融排斥综合指数及区间分类

序号	省（直辖市、自治区）	$DIM_{1,j}$	$DIM_{2,j}$	$DIM_{3,j}$	$DIM_{4,j}$	$DIM_{5,j}$	FEI_j	金融排斥程度
1	海南	0.00	0.15	0.06	0.03	0.07	0.22	较轻
2	北京	0.20	0.00	0.03	0.00	0.01	0.24	
3	甘肃	0.00	0.15	0.08	0.09	0.09	0.27	
4	西藏	0.00	0.26	0.15	0.00	0.10	0.27	
5	山西	0.14	0.02	0.07	0.07	0.04	0.30	
6	天津	0.26	0.00	0.09	0.01	0.04	0.33	
7	上海	0.22	0.12	0.02	0.00	0.00	0.39	
8	云南	0.14	0.07	0.15	0.08	0.04	0.41	
9	宁夏	0.19	0.04	0.11	0.12	0.04	0.43	
10	青海	0.05	0.25	0.11	0.10	0.11	0.43	
11	重庆	0.23	0.05	0.10	0.07	0.07	0.46	
12	新疆	0.14	0.18	0.03	0.05	0.09	0.47	
13	江苏	0.31	0.13	0.00	0.07	0.02	0.50	

序号	省（直辖市、自治区）	$DIM_{1,j}$	$DIM_{2,j}$	$DIM_{3,j}$	$DIM_{4,j}$	$DIM_{5,j}$	FEI_j	金融排斥程度
14	广东	0.31	0.21	0.00	0.02	0.01	0.51	
15	黑龙江	0.14	0.19	0.08	0.04	0.06	0.51	
16	内蒙古	0.22	0.08	0.16	0.08	0.05	0.51	
17	浙江	0.31	0.12	0.06	0.10	0.01	0.54	
18	陕西	0.15	0.19	0.11	0.06	0.05	0.55	
19	贵州	0.15	0.19	0.13	0.09	0.09	0.58	
20	江西	0.24	0.16	0.02	0.09	0.07	0.58	
21	广西	0.22	0.21	0.03	0.09	0.04	0.59	
22	四川	0.22	0.15	0.10	0.11	0.04	0.62	较重
23	山东	0.31	0.16	0.04	0.14	0.03	0.63	
24	河南	0.27	0.21	0.02	0.15	0.04	0.63	
25	河北	0.25	0.15	0.09	0.09	0.04	0.63	
26	福建	0.31	0.17	0.04	0.11	0.05	0.64	
27	辽宁	0.30	0.18	0.12	0.08	0.03	0.68	
28	湖北	0.29	0.17	0.08	0.12	0.06	0.71	
29	安徽	0.29	0.24	0.07	0.09	0.05	0.72	
30	吉林	0.24	0.26	0.12	0.13	0.03	0.74	
31	湖南	0.27	0.26	0.09	0.15	0.04	0.77	

注：表3-3中金融排斥指标的次序按照各自权重由大到小排列，其中，$DIM_{1,j}$表示金融供给方地理排斥指标的测度值，$DIM_{2,j}$为金融供给方评估排斥指标的测度值，$DIM_{3,j}$为技术条件排斥指标的测度值，$DIM_{4,j}$为金融需求方条件排斥指标的测度值，$DIM_{5,j}$为金融需求方自我排斥指标的测度值，FEI_j为各省（直辖市、自治区）金融排斥综合指数。

资料来源：作者整理。

如表3-3所示，我国31个省（直辖市、自治区）的金融排斥指数均低于0.80，表明我国没有金融排斥严重的省（直辖市、自治区），可以分为金融排斥程度较轻和金融排斥程度较重的省（直辖市、自治区）。其中，金融排斥程度较重的省（直辖市、自治区）分布于东中西部三大地区共有18个省（直辖市、自治区），包括东部地区6个省（直辖市、自治区）：广东、浙江、山东、河北、福建、辽宁，中部地区7个省（直辖市、自治区）：黑龙江、江西、河南、湖北、安徽、吉林、湖南，西部地区5个省（直辖市、自治区）：内蒙古、陕西、贵州、广西、四川；金融排斥程度较轻的省（直辖市、自治区）分布

于东中西部三大地区共有 13 个省（直辖市、自治区），包括东部地区
5 个省（直辖市、自治区）：海南、北京、天津、上海、江苏，中部地
区为山西省，西部地区 7 个省（直辖市、自治区）：甘肃、西藏、云
南、宁夏、青海、重庆、新疆。

进一步地，为了分析我国东中西部三大区域省（直辖市、自治
区）的金融排斥程度，本节从金融排斥综合指数与金融排斥各维度
指标的角度分别进行整理，结果如图 3－1 所示。

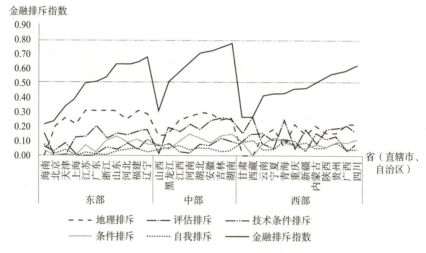

图 3－1　各省（直辖市、自治区）金融排斥综合指数与金融排斥各维度指标

注：图 3－1 中金融排斥综合指数取各省（直辖市、自治区）2010—2014 年金融排斥
综合指数的均值，各维度金融排斥指标取 2010—2014 年金融排斥指标测度值的均值；横
轴省（直辖市、自治区）分别按照三大区域各省区金融排斥综合指数由小到大依次排列。

资料来源：作者整理。

由式（3－5）可知，不同省（直辖市、自治区）金融排斥综合
指数 FEI_j 的省域差异主要受各维度金融排斥指标的测度值 $DIM_{i,j}$ 的省
域差异的影响，具体而言，金融排斥程度较轻的金融排斥指标［即
$DIM_{i,j}$ 较其他省（直辖市、自治区）低］会导致该省（直辖市、自
治区）金融排斥程度较其他省（直辖市、自治区）有减弱的趋势
［即 FEI_j 较其他省（直辖市、自治区）低］，反之亦然，即金融排斥

程度较其他省（直辖市、自治区）严重的金融排斥指标［即 $DIM_{i,j}$ 较其他省（直辖市、自治区）高］会导致该省（直辖市、自治区）金融排斥程度较其他省（直辖市、自治区）有加重的趋势［即 FEI_j 较其他省（直辖市、自治区）高］。因此，某个省（直辖市、自治区）金融排斥综合指数较大，表示该省区各维度金融排斥指标加权后的金融排斥程度较大。

如图3-1所示，我国东部地区与中部地区省（直辖市、自治区）的金融排斥综合指数呈现逐步升高的趋势，而西部地区金融排斥指数较中部地区低。从五维度金融排斥指标的测度来看，金融供给方地理排斥指标的测度值在五维度金融排斥指标中居首，这表明金融供给方地理排斥对金融排斥综合指数的影响程度最大；金融供给方评估排斥指标次之；技术条件排斥指标的标准值略大于金融需求方排斥指标的标准值。

就金融排斥指标测度值与金融排斥指数之间的关系而言，金融供给方地理排斥指标测度值和金融供给方评估排斥指标测度值的变化趋势与东中部地区金融排斥综合指数的变化趋势最为接近；而金融供给方地理排斥指标与金融供给方评估排斥指标在西部地区波动性较大，与西部地区金融排斥指数的趋势不符。从技术条件来看，技术条件排斥指标的变化趋势与金融排斥指数的趋势基本吻合。从金融需求方排斥指标来看，东中西部省（直辖市、自治区）中小企业条件排斥与中小企业自我排斥指标呈阶梯形增长趋势。由此可得，东部地区中小企业条件排斥与自我排斥程度较中西部地区低，基础设置配置较为齐全，技术条件较为先进，并且中小企业数量较中西部地区多，最终，东部地区金融排斥综合指数较中部地区低，因此，东部地区中小企业对金融服务的需求较为旺盛，其得到金融服务的满足程度较高，东部地区与中部地区金融排斥综合指数表现出逐步升高的趋势。对于西部地区中小企业而言，中小企业条件排斥与自我排斥程度较东中部地区重，而金融供给方地理排斥与金融供给方评估排斥则表现出波动性的特点，西部地区金融排斥综合指数表现出较中部地区轻的特点。由此可得，由于基础设施配置不如东中部地区齐全，技术条件较为落后，并且中小企业数量较少，因此，西部地区中小企业对金融服务的需求不旺盛，加之西部地区中小企业条件排斥与自我排斥均较重，这减弱了金融供给方排斥程度，最终西部地区中省（直辖市、自治区），包括甘肃、西藏、云南、宁夏、青海、重庆、新疆金融排斥综合指数表现出较中部地区轻的特点；对于西部地区内蒙古、陕西、贵州、广西、四川等省份，由于经济发展水平较为落后，中小企业数量也较少，技术条件较为落后，银行等金融机构出于利润最大化的考虑，在欠发达地区的分支机构和金融服务基础设施配置也较少，相应地，中小企业自我排斥程度较重，增加了这些地区企业获取金融服务与金融产品的成本，表现出金融排斥程度较重的特点。

从单个省（直辖市、自治区）来看，海南、山西、甘肃、西藏、云南、宁夏、青海、重庆、新疆等，除海南位于东部地区、山西位于中部地区外，其他省区均位于西部地区。这些省区的生产总值在31个省区中均较低❶，然而，这些省区的金融排斥程度较中西部其他省区却表现出较轻的特点。究其原因，这些省区中小企业数量较少，金融需求方排斥程度（金融需求方条件排斥和/或金融需求方自我排斥）较重，因此，表现出对金融服务的需求不旺盛，这会减缓由于金融供给方评估排斥以及信息机制欠缺等对企业造成的金融排斥程度。以东部地区海南省为例（如图3-1与表3-3所示），该省表现出较重的金融需求方自我排斥的特点，中小企业数量较少，生产总值较低，该省2014年中小企业数量与生产总值排名分别在全国31个省（直辖市、自治区）中位列30与28，然而，金融排斥综合指数在31个省（直辖市、自治区）中排名第一，为0.22。就海南省五维度排斥指标而言，除了金融供给方评估排斥与金融需求方自

---

❶ 根据《中国统计年鉴》（2015）地区生产总值数据，截至2014年，我国31个省区中，生产总值较小的前11个省（直辖市、自治区）分别为西藏、青海、宁夏、海南、甘肃、贵州、新疆、山西、云南、吉林、重庆。

我排斥表现为排斥程度较重的特点之外，金融供给方地理排斥、技术条件排斥与金融需求方条件排斥均表现为排斥程度较轻的特点，最终，海南省金融排斥综合指数较低，总体上表现为排斥程度较轻的特点。金融需求方排斥程度较重的其他省份，如甘肃、西藏、山西、云南、宁夏、青海、重庆等省（直辖市、自治区），同样存在金融供给方排斥与技术条件排斥表现为轻的特点，说明这些经济较为落后的省区由于金融需求方排斥程度较重，对金融服务的需求较低，导致金融排斥的总体程度轻于其他中西部省区。

与此不同，广东、山东、浙江、河北、辽宁、湖北、湖南等省（直辖市、自治区）的生产总值尽管在31个省区中水平均较高❶，然而其金融排斥综合指数却表现为较重的特点。究其原因，这几个省份中小企业数量较多，金融需求方自我排斥表现出较轻的特点，对金融服务需求较为旺盛，使得金融供给方排斥、中小企业条件排斥程度进一步加剧，因此，总体上表现为金融排斥程度较重的特点。

2. 三大地区金融排斥比较

如图3-2所示，纵向来看，从三大地区金融排斥综合指数的趋势线可以得出，2010—2014年，我国东中西部三大区域金融排斥综合指数的总体波幅较小，其中，中部地区金融排斥指数基本保持不变，东部地区金融排斥指数逐年降低，而西部地区金融排斥指数呈逐年上升的趋势。横向来看，三大地区金融排斥综合指数中，东部地区与西部地区省区金融排斥综合指数较低，均值低于0.50，表现为金融排斥程度较低的特点；中部地区金融排斥综合指数均值维持在0.62左右，金融排斥程度较高。这与各省区金融排斥综合指数与五维度金融排斥指标的变化趋势分析相符（如图3-1所示）。由此可得，降低金融排斥综合指数应根据不同省区金融排斥指标表现出

❶ 根据《中国统计年鉴》（2015）地区生产总值数据，截至2014年，我国31个省区中，生产总值较大的十个省区分别为广东、江苏、山东、浙江、河南、河北、辽宁、四川、湖北、湖南。

的特点进行分析。如何缓解西部地区金融需求方排斥程度？如何缓解中部地区中小企业受到的金融排斥程度？各维度金融排斥指标对金融排斥综合指数的影响程度如何？

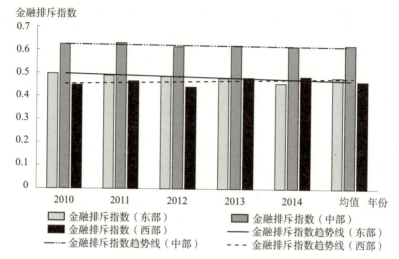

图3–2　2010—2014年东中西部省区金融排斥综合指数

资料来源：作者整理。

以上对金融排斥程度的省域差异的分析主要为不同省区金融排斥程度之间的横向比较，进一步地，要分析不同金融排斥指标对金融排斥综合指数的影响度，则需要进行不同维度金融排斥指标之间的纵向分析与比较。为了分析各维度金融排斥指标对金融排斥综合指数的影响度，本书基于式（3–5），求出金融排斥综合指数 FEI_j 对具体某维度（假设金融排斥指标的具体维度为 b）金融排斥指标 DIM_b 的偏导数如式（3–6）所示：

$$\frac{\partial FEI}{\partial DIM_b} = \frac{(\theta_b - DIM_b)}{\sqrt{\sum_{i=1}^{5} \theta_i^2} \cdot \sqrt{\sum_{i=1}^{5} (\theta_i - DIM_i)^2}} \qquad (3-6)$$

如式（3–6）所示，金融排斥综合指数受不同维度金融排斥指标的影响程度主要取决于因式（$\theta_b - DIM_b$）的大小，金融排斥指标 b 的权重 θ_b 与测度值均值 DIM_b 之差越大，表示金融排斥综合指数受该维度金融排斥指标的影响度越大。图 3-3 绘制了各维度金融排斥指标测度值的均值及权重。

如图 3-3 所示，影响程度最大的金融排斥指标为金融供给方地理排斥，对应权重与均值之差在各维指标中居首（0.111）；金融供给方评估排斥指标次之，权重与均值之差为 0.108；技术条件排斥、中小企业条件排斥、中小企业自我排斥指标的权重与均值差值分别为 0.08、0.07 与 0.06，表明金融排斥综合指数受技术条件排斥的影响程度略大于金融需求方排斥指标。由此可见，各维度金融排斥指标对金融排斥综合指数的影响度与相应维度金融排斥指标的权重的变化趋势相符，表明金融排斥指标的地区差异程度越大，其对各省金融排斥综合指数的重要程度也越大。

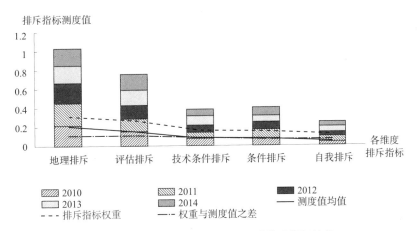

图 3-3 2010—2014 年五维度金融排斥指标均值

注：横轴按照各维度金融排斥指标权重与其测度值均值之差的降序排列。

资料来源：作者整理。

鉴于各维度金融排斥指标的权重与其对金融排斥综合指数的影响大小一致，从五维度金融排斥指标来看，金融供给方排斥指标（金融供给方地理排斥和金融供给方评估排斥）对金融排斥综合指数的影响程度最大，对应指标的省域差异相应地也比较大；技术条件排斥对金融排斥综合指数的影响大于来自金融需求方的金融排斥的影响，相应地，技术条件排斥指标的省域差异略大于金融需求方排斥指标。因此，要缓解各省（直辖市、自治区）金融排斥程度，应从降低金融服务供给方排斥和技术条件排斥程度入手采取措施。

综合分析可以发现，金融排斥综合指数在 2010—2014 年间的差异程度较小，其中东部地区金融排斥指数呈逐年下降的趋势，而西部地区金融排斥指数逐年递增。通过对比东中西部不同区域之间的金融排斥程度可得，东部地区与中部地区金融排斥综合指数呈阶梯式递增态势，并且东部与中部地区金融排斥程度的级差大，西部地区金融排斥综合指数较中部地区低。

3.4 本章小结

3.4.1 研究结论

本章从金融供给方排斥、技术条件排斥、金融需求方排斥三个方面构建金融排斥五维度的评价指标——金融供给方地理排斥、金融供给方评估排斥、技术条件排斥、金融需求方条件排斥与金融需求方自我排斥，并从省域层面对金融排斥的原因进行分析。从金融排斥五维度指标来看，各省中小企业有可能由于银行等金融机构地理分布不均衡受到金融供给方地理排斥，有可能由于银行等金融机构对中小企业的评估条件较为严格而遭受金融供给方评估排斥，有可能由于企业信息化应用水平较低而受到技术条件排斥，也有可能是来自金融需求方本身的原因，中小企业考虑到自身财务条件与银行等金融机构放贷条件不符，而主动转向非银行机构进行融资，受到来自金融需求方的排斥。由式（3-6）可得，不同金融排斥指标对各地区金融排斥综合指数的影响程度可以由各维度金融排斥指标的权重与测度值的差值反映出来，某维度金融排斥指标的权重与测度值的差值越大，说明该维度金融排斥指标对金融排斥综合指数的影响程度越大。从金融排斥综合指数的影响因素来看（如图 3-3

所示)，金融供给方排斥指标对各省金融排斥程度的影响占主导地位，其中地理排斥是对各省金融排斥程度影响最大的金融排斥因素（地理排斥指标的权重与测度值均值之差居五维度指标体系之首，为0.111)，按照影响程度大小（金融排斥指标权重与测度值之差），排在金融供给方地理排斥之后的指标依次为金融供给方评估排斥（0.108）、技术条件排斥（0.08）、金融需求方条件排斥（0.07）及金融需求方自我排斥（0.06）。由此可得，技术条件排斥对各省（直辖市、自治区）金融排斥综合指数的影响大于金融需求方排斥指标。就省域差异来看，东部地区与西部地区中小企业受到的金融排斥程度较轻，中部地区金融排斥程度较重，并且东部地区与中部地区金融排斥程度的级差较大。对于金融需求方排斥指标而言，金融需求方自我排斥具有显著的区域特点，表现为经济发展水平较高的省区（相应地区生产总值较高）中小企业自我排斥程度较轻，反之亦然，即地区生产总值较低的省区中小企业自我排斥程度普遍较重。主要原因在于经济欠发达地区的中小企业与金融机构之间的联系不紧密，对金融服务与金融产品的需求不旺盛，主要的融资渠道为非正规融资渠道。

3.4.2 缓解金融排斥的对策

基于以上实证结论，要缓解金融排斥程度，应着重从中西部地区入手，尤其缓解西部地区金融需求方排斥程度。从各维度金融排斥指标视角来看，应首先从对各省份金融排斥程度影响较大、省域差异明显的金融供给方地理排斥、金融供给方评估排斥和技术条件排斥入手，采取相应的缓解金融排斥程度的政策举措。

对于金融排斥程度与经济发展程度不相符的省区，由于金融服务需求方自我排斥的地域特点显著，缓解这些省区的金融排斥程度需将金融需求方自我排斥作为突破口。对于经济发展程度较高并且金融排斥较重的省区，金融需求方自我排斥程度较轻，这些地区中小企业对金融服务的需求较为旺盛，金融服务基础设施可能不能满足中小企业对金融服务的需求，所以应加强这类省区的中小金融机构建设，降低金融机构与中小企业之间的信息不对称性和逆向选择，减缓金融供给方地理排斥与评估排斥对这些地区金融排斥程度的加剧效果。经济发展程度较为落后并且金融排斥程度较轻的省区，金融需求方自我排斥程度往往较重，这会减轻金融供给方评估排斥、金融需求方条件排斥对该类省区金融排斥程度的影响，需向这些省区中小企业推广、普及金融知识，加强信息基础设施的建设，完善中小企业与金融机构之间的信息沟通机制，降低这些省区中小企业对金融机构的自我排斥程度，有效改善这些省区的金融排斥程度。表3-4列出了缓解不同地区金融排斥程度的具体措施。

表3-4 缓解金融排斥程度的对策措施

金融排斥程度	省区	金融排斥较重的指标	缓解措施
较重	中西部省区	地理排斥、评估排斥、技术条件排斥、条件排斥、自我排斥	着重从金融供给方排斥、技术条件排斥入手缓解金融排斥程度
	生产总值较高的部分省区（广东、山东、浙江、河北、辽宁、湖北、湖南等）	地理排斥、评估排斥、条件排斥	构建中小金融机构，建立科学的评估程序
较轻	生产总值较低的部分省区（海南、山西、甘肃、西藏、云南、宁夏、青海、重庆、新疆等）	地理排斥、信息机制排斥、自我排斥	推广、普及金融知识，降低自我排斥程度；提高信息基础设施的建设与中小金融机构体系的构建

资料来源：作者整理。

3.4.3 政策启示

本章从理论角度构建了金融排斥的五维度评价指标体系，构建了金融排斥综合指数，并探究了金融排斥的影响因素，研究发现对于缓解金融排斥具有如下启示：

第一，金融供给方地理排斥的地区差异最为显著，并且对金融排斥综合指数的影响程度最大。要缓解地理排斥程度，首先，需要建立一批中小金融机构，缓解金融机构与中小企业之间的信息不对称、降低金融机构的尽职调研成本，有效改善地理排斥程度；其次，在发展间接融资渠道的同时，规范非金融的发展，形成与银行类金融机构互相竞争、相互补充的格局，构建有效的、多层次的融资服务体系，降低地理排斥程度。

第二，作为对金融排斥综合指数影响其次的金融供给方评估排斥，要缓解各省金融排斥程度，要引导和鼓励银行类金融机构建立科学有效的评估程序，并且构建与评估程序对应的评估风险分担机制，有效降低金融机构对中小企业放贷的风险，减缓金融供给方评估排斥。

第三，技术条件排斥对金融排斥综合指数的影响程度大于金融需求方排斥指标，企业信息化应用程度的地区差异表现为与中西部地区相比，东部地区企业信息化应用程度较高，技术条件排斥程度较轻。消除企业信息化应用程度的差异，需提高经济发展水平较低省区的信息基础设施建设，完善中小企业与金融机构之间的信息沟通机制，有效发挥网络借贷平台对中小企业融资的促进作用。

第四，从区域角度来看，着重提高中西部地区中小企业的财务条件，减缓中西部地区中小企业的自我排斥程度，增加经济发展水平较低省区中小企业与金融机构之间的联系程度，有效提高这类地区中小企业对金融服务与金融产品的可及性。首先，应提高中小企业自身的财务条件，增加银行等金融机构对中小企业放贷的积极性；其次，对经济发展较为落后省区的中小企业进行金融知识的普及，提高其对金融服务的需求程度。再次，提高经济发展水平较低省区的信息基础设施的投入，完善这些省区中小企业与金融机构之间的信息沟通机制。总之，金融排斥的影响因素构成复杂，不同区域金融排斥的影响因素呈现出不同的特点，要解决中小企业融资难问题，需要从消除金融排斥的影响因素着手，从不同区域、不同维度金融排斥指标等多个方面展开。

第4章　金融排斥的财务结构效应分析

基于中小企业发展现状可得，中小企业在规模以上工业企业数量与第三产业企业数量中占有绝对优势（如图2-1与表2-3所示），并且对于实体经济发展和就业增长有突出贡献（如图2-2与表2-4所示）。然而，中小企业由于资产规模较小、可提供的抵押担保物较少，与银行联系不紧密等特点，与大型企业相比，其在获取银行等金融机构贷款方面受到诸多的制约因素，面临较为严重的金融排斥。CSMAR数据库2010—2014年数据显示，我国2010—2014年中小企业资产负债率、带息债务率与债务期限结构均有升高的趋势（如图4-1所示），截至2014年，中小企业资产负债率、带息债务率与债务期限结构较2010年分别上升了14.91%，18.65%与39.89%；内源融资基本保持在18%左右，我国中小企业与大型企业相比，面临资产负债率较低、内源融资占比较高的特点。根据CSMAR数据库2010—2014年数据可得，我国中小企业与主板企业的内源融资占比分别为18.16%与3.29%，中小企业内源融资占比显著高于主板企业；中小企业资产负债率与带息债务率分别为35.67%与23.52%，分别低于主板企业对应的指标51.68%与37.20%，说明中小企业资产负债率显著低于主板企业；从企业债务期限结构来看，中小企业短期债务率明显偏高，其非流动负债与负债的比率仅为12.32%。以上结果表明，银行等金融机构在信贷层面，对不同规模的企业其放贷规模是有区别的。与大型企业相比，中小企业由于受到较为严重的金融排斥，在金融机构可及性、金融机构对企业的放贷条件、企业自身的财务条件等方面均面临不同程度的制约因素，因此，会在相应的融资来源方面与大型企业有所差异。中小企业在从正规渠道获取融资方面较大型企业处于劣势地位，面临融资难的困境（尹志超等，2015）。那么，中小企业在财务结构上的表现在多大程度上受金融排斥的影响，金融排斥对企业财务结构的影响与中小企业的表现是否贴切？如何缓解金融排斥，增加企业财务结构的稳健性？至此，提出了本章的主要研究问题。本章基于CSMAR我国中小企业板上市公司的数据，构建金融排斥与企业财务结构的关系模型，对金融排斥的财务结构效应进行实证分析。

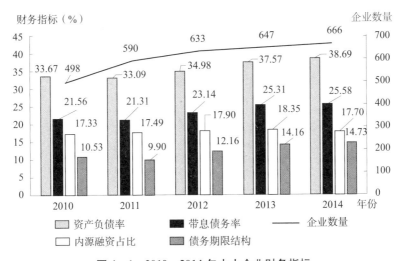

图4-1 2010—2014年中小企业财务指标

资料来源：作者根据CSMAR数据库"中小企业板"财务数据整理。

4.1 企业财务结构影响机理与决定因素研究文献评述

关于企业财务结构决定因素的研究，国内外学者主要从企业自身条件、制度层面等进行了大量实证研究。有的学者从制度因素、市场化因素、股权类型研究了企业财务结构的影响因素，例如Allen等（2005）从制度层面探究了我国私营企业快速增长的影响因素，结果表明非正规融资渠道和政府管理机制（例如企业的声誉以及企业与政府的关系）对私营企业的发展起重要作用。孙铮等（2005）以我国1999—2003年经验数据为样本，研究了市场化程度与企业债务期限结构的关系，结果表明市场化程度的提升没有带来企业长期债务比重的提高，因此，在司法体系不能保证长期债务契约能够有效执行的情况下，企业与政府关系是重要的替代机制。肖泽忠和邹宏（2008）探究了不同的股权类型（国有股、法人股和外资股）与我国上市公司资本结构的关系，研究结果表明国有股比重高并不一定是上市公司股权融资偏好的根源。卢峰和姚洋（2004）以我国20世纪90年代省际单位数据为样本，研究了法治与私人部门获取银行信贷程度之间的关系，结果表明，在其他配套制度完善的情况下，加强法治有助于增加私人部门获得银行信贷的份额。也有学者从企业自身资源禀赋出发，围绕权衡理论与优序融资理论对企业信贷决策进行研究，具体因素包括企业成长性、企业规模、资产流动性、资产担保能力、盈利性指标等。Ozkan（2001）、Laureano等（2012）的研究结论表明，资产规模与流动性变量与企业债务期限结构正相关。这一结果与权衡理论相符，即资产规模与流动性的增加会降低企业发生违约风险的概率（Gruber & Warner，1977；Marsh，1982）。Hall等（2000）、Vieira & Novo（2010）的研究表明，资产担保能力的增加有助于企业债务水平的提升，与权衡理论相符。Michaelas等（1999）、Garcia & Mira（2003）、Vieira & Novo（2010）的研究发现，盈利性更多的企业融资较少，这一结论符合优序融资理论。Cassar & Holmes（2003）以澳大利亚中小企业为研究对象，发现企业成长性有助于中小企业债务率的提升，符合优序融资理论，企业的高成长性会降低企业留存收益比率，促使企业借贷。已有研究表明，优序融资理论与权衡理论并不能完全解释企业信贷决策。

国内外对企业财务结构的研究主要以上市公司为主，也有的学者以中小企业作为研究对象。Cassar & Holmes（2003）以澳大利亚中小企业为研究对象，发现企业财务结构受资产担保能力、企业盈利性与成长性影响较大。Bhaird & Lucey（2010）研究了299家爱尔兰的中小企业，发现企业资产规模、资产担保能力以及企业经营年限对中小企业财务结构有显著影响。Hall等（2004）通过对8个欧洲国家（包括比利时、德国、西班牙、爱尔兰、意大利、荷兰、葡萄牙与英国）中小企业的财务结构进行研究，发现在影响企业财务结构的五个因素（盈利性、成长性、资产担保能力、资产规模与经营年限）中，资产担保能力对企业财务结构的作用效果较大，而成长性的作用效果较小，这一结论与Jordan等（1998）的研究结论一致。我国国内学者对影响企业财务结构的决定因素的研究一般以主板上市企业为研究对象，以中小企业为研究对象的不多。我国目前以中小企业为研究对象的研究有的采用截面数据，有的选择单一省份的调研数据，在数据的选取上存在局限性。其中，杨其静和李小斌（2010）采用截面数据进行研究，结果表明，我国中小企业财务结构的影响因素包括企业自身因素与公司治理结构，从理论角度来看，优序融资理论与权衡理论均不能完全解释我国2007年中小企业板上市公司的财务结构。与杨其静和李小斌（2010）的结论不同，王秀祥和张建方（2012）采用单一省份的数据进行研究，结果表明优序融资理论可以解释我国浙江省446家中小企业的信贷决策行为。

由此可见，国内外对企业财务结构的研究以主板企业为主要的研究对象，对中小企业的研究较少。金融排斥作为中小企业融资难的直接表象，其不同维度的金融指标是否会通过影响企业融资效率进而对企业资产负债率与债务期限结构产生影响？已有研究鲜有将金融排斥作为自变量对中小企业财务结构影响因素进行分析。由于中小企业受到较为严重的金融排斥，其在财务结构上表现出与大型企业不同的特点，与以往研究视角不同，本章通过引入金融排斥因素，以中小企业板上市企业2010—2014年的面板数据为基础分析了金融排斥的财务结构效应，一方面，拓宽了以往文献对中小企业财务结构决定因素研究的时间跨度，另一方面，丰富了企业财务结构的研究内容，对于缓解金融排斥，增加企业财务结构稳健性有重要的理论意义与现实意义。

4.2 金融排斥的财务结构效应机理分析

基于不同维度金融排斥指标对金融排斥综合指数的影响程度来看（如图3-3所示），金融排斥受到金融供给方排斥指标的影响程度最大，技术条件排斥指标对金融排斥的影响程度略大于金融需求方排斥指标，这一结果与夏维力和郭霖麟（2012）、李建军和张丹俊（2015）的研究结论一致。一方面，中小企业可能由于银行等金融机构分支机构地区分布不平衡，或者金融机构对企业的评估条件较为严格等原因，面临来自金融服务与金融产品获取上的制约（Chakravarty & Pal，2010；Kempson & Whyley，1999）。另一方面，可能由于企业信息化应用程度较低而面临融资难的困境。此外，中小企业可能由于自身融资成本较高或者考虑到金融机构贷款手续复杂、审批时间较长与自身融资时效性强的特点不符，将正规金融机构排斥在企业融资渠道之外。由此可见，中小企业由于受到金融排斥，其从银行等金融机构获取贷款可能会面临障碍，导致企业在融资渠道获取上可能会转向非正规融资渠道，出现资产负债率与带息债务率较低，而内源融资、商业信用与民间融资率较高的特点。由于我国金融结构以间接融资为主导，企业从非正规融资渠道进行融资的融资成本较高（陈道富，2015），并且融资风险（流动性风险）较大，这会进一步影响企业财务结构的稳健性。因此，引入金融排斥因素探究企业财务结构的影响因素，对于增强中小企业财务结构稳健性至关重要。

4.3 金融排斥的财务结构效应模型构建与变量说明

4.3.1 金融排斥的财务结构效应模型样本与数据

中小企业金融排斥的财务结构效应模型以2010—2014年CSMAR数据库"中小企业板"上市企业为初选样本,剔除主要研究变量缺失的中小企业,以及金融类与公共服务类企业。本章2010—2014年CSMAR"中小企业板"数据为非平衡面板,通过样本筛选,最后进行多元回归的中小企业样本量为2685。在数据处理上,为了消除极端值对结果的影响,本章对金融排斥的企业财务结构效应模型中的连续变量进行了上下1%的winsorize处理。

4.3.2 金融排斥的财务结构效应模型设定与指标定义

为了考察金融排斥指标对中小企业财务结构的影响,本章构建的基准模型如式(4-1)所示:

$$Y_{k,t} = \alpha_k + \beta_k + EI_{k,t} + \gamma_k \cdot Z_{k,t} + \theta_t + \varepsilon_{k,t} \qquad (4-1)$$

其中,$Y_{k,t}$表示第k个企业在第t年的财务结构变量,包括银行融资占比、短期银行融资占比、长期银行融资占比、商业信用占比、民间融资占比、总负债率、短期负债率、债务期限结构与留存收益比率;$EI_{k,t}$表示一组金融排斥指标集合;$Z_{k,t}$为一组表示企业自身条件的变量集合,包含了企业盈利水平、偿债能力、成长能力、现金流量、资产担保能力、企业规模、上一年企业债务水平;θ_t为年份固定效应;$\varepsilon_{k,t}$为误差项。本章将企业自身条件变量中企业规模变量取自然对数,消除异方差。金融排斥的财务结构效应模型中涉及的变量及衡量指标如表4-1所示。

表4-1　金融排斥的财务结构效应模型变量设定

变量类型	变量名称	变量代码	衡量指标
财务结构变量（Y）	银行融资占比	*Bankrt*	（银行借款＋应付票据）/总负债
	商业信用占比	*Accbondprt*	（应付账款＋预收账款＋长期应付款）/总负债
	民间融资占比❶	*Othaccprt*	（其他应付款＋其他流动负债）/总负债
	短期银行融资占比	*SHD*	（短期银行借款＋应付票据）/总负债
	长期银行融资占比	*LOD*	长期银行借款/总负债
	总负债率	*TD*	总负债/总资产
	短期负债率	*STD*	流动负债/总资产
	债务期限结构	*L/T*	非流动负债/总负债
	留存收益比率	*ReEarn*	（盈利公积＋未分配利润）/总资产
金融排斥指标（EI）	评估排斥	*EvaluativeE*	企业银行承部汇票累计发生额/中小企业数量
	地理排斥分指标1	*AccessE*	金融机构网点数/地区平方公里
	地理排斥分指标2		金融机构网点数/中小企业数量
	地理排斥分指标3		金融机构网点数/地区生产总值
	技术条件排斥	*InformE*	企业信息化应用指数❷
	需求方条件排斥	*CondE*	中小企业财务成本/中小企业负债
	需求方自我排斥	*SelfE*	非金融机构融资规模/金融机构贷款余额

---

❶　银行融资额用银行借款与应付票据之和计算取得；商业信用由应付账款、预收账款与长期应付款三部分组成；中小企业民间融资规模由其他应付款与其他流动负债两个项目加总取得（王秀祥和张建方，2012）。

❷　企业信息化应用指数由四个部分加权平均而得：

生产装备数控化率$\left(=\dfrac{\text{受调查地区企业中拥有的数控机床总数}}{\text{受调查地区企业中拥有的机床总数}}\right)$；

企业 ERP 普及率$\left(=\dfrac{\text{受调查的企业中广泛应用 ERP 的企业数}}{\text{受调查的企业总数}}\right)$；

企业电子商务交易额占比$\left(=\dfrac{\text{受调查的企业中通过电子商务产生的采购和销售额}}{\text{受调查的企业的采购和销售额}}\right)$；

中小企业信息化服务平台数量（统计地区政府投资或合作建立的面向中小企业信息化服务的公共平台数）。四类指标均来源于工信部信息化推进司区域"两化"融合水平评估企业调查数据。

变量类型	变量名称	变量代码	衡量指标
控制 变量 （Z）	息税前收益率	*EBIT*	息税前利润/营业总收入
	速动比率	*Qckrt*	（流动资产－存货）/流动负债
	营业收入增长率	*Grow*	（营业收入－上年营业收入）/上年营业收入
	现金流	*CF*	销售商品劳务收入现金/营业收入
	固定资产比率	*Fixass*	固定资产/总资产
	企业资产规模	*Size*	年末总资产的自然对数
	上一年银行融资占比	$Bankrt_{t-1}$	上年银行融资/上年总负债
	上一年商业信用占比	$Accbondprt_{t-1}$	上年商业信用/上年总负债
	上一年民间融资占比	$Othaccprt_{t-1}$	上年民间融资/上年总负债
	年度	*Year*	年度虚拟变量

资料来源：作者整理。

式（4-1）选取银行融资占比（*Bankrt*）、商业信用占比（*Accbondprt*）、民间融资占比（*Othaccprt*）、短期银行借款占比（*SHD*）、长期银行借款占比（*LOD*）、总债务率（*TD*）、短期债务率（*STD*）、债务期限结构（*L/T*）、留存收益比率（*ReEarn*）九个指标作为观测因变量。核心变量为金融排斥指标（*EI*），选取金融供给方评估排斥（*EvaluativeE*）、金融供给方地理排斥（*AccessE*）、技术条件排斥（*InformE*）、金融需求方条件排斥（*CondE*）与金融需求方自我排斥（*SelfE*）五个指标。

在控制变量中，本章选取了企业盈利水平（*EBIT*）、偿债能力（*Qckrt*）、成长能力（*Grow*）、现金流（*CF*）、资产担保能力（*Fixass*）、企业规模（*Size*）六个指标代表企业自身禀赋的财务指标（洪锡熙和沈艺峰，2000；Ozkan，2001；Myers，2003；黄贵海和宋敏，2004；肖泽忠和邹宏，2008；Proenca 等，2014）。*Year* 为年度虚拟变量。王秀祥和张建方（2012）的研究结果表明，企业上一年的负债会对当年的财务结构产生影响，因此，本章在控制变量中加入企业上一年的银行融资占比（$Bankrt_{t-1}$）、商业信用占比（*Accbond-*

prt$_{t-1}$）与民间融资占比（Othaccprt$_{t-1}$）三个债务结构变量。

4.3.3　金融排斥的财务结构效应实证结果与分析

　　1. 金融排斥的财务结构效应模型变量描述性统计

　　金融排斥的财务结构效应模型主要变量的描述性统计结果如表4－2所示❶。在表4－2中，财务结构指标中银行融资占比均值为39.45%，其中，短期银行融资占比均值为34.20%，长期银行融资占比均值为5.09%，这一结果说明我国中小企业银行融资中短期融资占比较高。非银行融资来源包括商业信用与民间融资，其中商业信用占比为38.27%，民间融资占比为6.45%，这一结果表明非银行融资来源主要为商业信用，并且商业信用占比与银行融资占比相当。民间融资占比的变异系数为1.32，高于银行融资占比与商业信用占比的变异系数，后两者分别为0.66与0.57，这一结果说明民间融资的个体差异较大。总体上，总债务率（TD）均值为35.67%，短期债务率（STD）均值为30.70%，债务期限结构（L/T）均值为12.32%，这三个变量的变异系数中，债务期限结构最大，为1.17，显著高于前两者（分别为0.54与0.55），这一结果表明企业债务期限结构的个体差异较大。综上，从企业财务结构的描述性统计结果可得，从融资渠道来看，中小企业的主要融资来源为银行融资与商业信用；从融资期限结构来看，中小企业主要为短期融资，表现为较高的短期银行融资占比与较低的企业债务期限结构。从各维度金融排斥指标来看，金融供给方排斥指标的地区差异显著，其中，金融供给方评估排斥与金融供给方地理排斥的变异系数分别为0.48与0.56，技术条件排斥的地区差异略大于金融需求方排斥指标，这一结果与第3章的结论一致。

---

　　❶ 篇幅所限，变量的相关性结果在此省略汇报，各解释变量的相关系数均低于共线性门槛值0.7（Lind 等，2007）。

金融排斥的结构效应——基于中国中小企业视角

82

表 4 − 2　金融排斥的财务结构效应模型变量的描述性统计

变量	观测数	平均值	标准差	变异系数	最大值	最小值
$Bankrt$（%）	3034	39.45	25.99	0.66	88.88	0.00
SHD（%）	3034	34.20	24.43	0.71	84.57	0.00
LOD（%）	3034	5.09	9.89	1.94	48.93	0.00
$Accbondprt$（%）	3034	38.27	21.89	0.57	90.38	3.89
$Othaccprt$（%）	3034	6.45	8.54	1.32	45.64	0.08
TD（%）	3034	35.67	19.22	0.54	80.12	3.30
STD（%）	3034	30.70	16.83	0.55	71.86	2.60
L/T（%）	3034	12.32	14.38	1.17	63.83	0.00
$ReEarn$（%）	3034	18.16	10.21	0.56	50.68	− 17.41
$EvaluativeE$	3030	0.89	0.42	0.48	2.70	0.24
$AccessE$	3030	0.43	0.24	0.56	1.45	0.20
$InformE$	3030	0.72	0.17	0.33	0.99	0.30
$CondE$	3030	0.03	0.01	0.32	0.04	0.01
$SelfE$	3030	0.15	0.04	0.25	0.29	0.08
$EBIT$（%）	3034	11.43	10.21	0.89	46.49	− 23.77
$Qckrt$（%）	3034	2.83	3.93	1.39	25.82	0.27
$Grow$（%）	3034	17.83	26.20	1.47	122.95	− 41.19
CF（%）	3034	96.97	17.69	0.18	133.70	44.89
$Fixass$（%）	3034	22.42	12.95	0.58	59.52	0.93
$Size$	3034	21.47	0.79	0.04	23.89	19.85
$Bankrt_{t-1}$（%）	2688	40.34	26.41	0.65	89.66	0.00
$Accbondprt_{t-1}$（%）	2688	38.87	22.20	0.57	90.97	4.29
$Othaccprt_{t-1}$（%）	2688	6.13	8.01	1.31	42.47	0.07

资料来源：作者基于 Stata 软件估计。

2. 金融排斥对中小企业财务结构效应的实证结果分析

本部分主要关注金融供给方评估排斥、金融供给方地理排斥、技术条件排斥、金融需求方条件排斥、金融需求方自我排斥指标的回归系数及显著性，通过 Hausman 检验，本章选取固定效应模型进行检验。具体结果如表 4 − 3 所示。

表4-3 金融排斥与中小企业财务结构回归结果

模型变量	模型1 Bankrt	模型2 SHD	模型3 LOD	模型4 Accbondprt	模型5 Othaccprt	模型6 TD	模型7 STD	模型8 L/T	模型9 ReEarn
金融排斥指标(EI)									
EvaluativeE	0.0374**	0.0271**	0.0103	-0.0374**	-0.0183*	0.0339***	0.0313***	0.0054	-0.0241**
	(1.9640)	(2.4690)	(1.0370)	(-2.4940)	(-1.7900)	(2.9590)	(2.9230)	(0.3650)	(-2.0180)
AccessE	-0.0038*	-0.0449*	0.0411*	0.0128*	0.0063*	0.0261*	0.0103*	0.0699**	-0.0193*
	(-1.1060)	(-1.3080)	(2.2300)	(1.4600)	(1.3310)	(1.2240)	(1.5180)	(2.5530)	(-1.8670)
InformE	0.0001*	0.0001*	0.0002*	-0.0002*	-0.0001*	-0.0003*	-0.0002*	0.0007*	0.0004*
	(1.3440)	(1.4240)	(1.1290)	(-1.5430)	(-1.5960)	(-1.3710)	(-1.0980)	(1.2720)	(1.1790)
CondE	0.1420	-0.8190*	0.9600	0.2570*	0.9990*	0.6440*	-0.2550	0.6630	-0.3660*
	(0.0985)	(-1.5870)	(1.2810)	(1.2260)	(1.2920)	(1.7440)	(-0.3140)	(0.5950)	(-1.4040)
SelfE	-0.1500*	-0.1150*	-0.0348	0.0176	0.1250**	-0.1210**	-0.0665*	-0.1180*	-0.0337
	(-1.5460)	(-1.2230)	(-0.6900)	(0.2300)	(2.4010)	(-2.0730)	(-1.220)	(-1.5790)	(-0.5520)
控制变量(Z)									
EBIT	-0.0482*	-0.0469*	0.0002	0.0346**	-0.0070**	-0.2270***	-0.1460***	-0.0509**	0.1970***
	(-1.8150)	(-1.8220)	(0.0938)	(1.6530)	(-2.0900)	(-14.1900)	(-9.7390)	(-2.4800)	(11.7800)
Qckrt	-0.8140***	-0.7060***	0.0001	0.3570***	0.0012**	-0.2840***	-0.2750***	0.1060*	0.0001
	(-11.2000)	(-10.0300)	(0.1530)	(6.2320)	(2.0180)	(-6.4990)	(-6.7210)	(1.8880)	(0.2480)
Grow	-0.0165*	-0.0097	-0.0067	0.0109**	0.0033*	0.0307***	0.0346***	-0.0123*	-0.0393***
	(-1.7690)	(-1.0790)	(-1.3890)	(2.4900)	(1.6510)	(5.4790)	(6.5960)	(-1.7140)	(-6.7230)

模型变量	模型1 Bankrt	模型2 SHD	模型3 LOD	模型4 Accbondprt	模型5 Othaccprt	模型6 TD	模型7 STD	模型8 L/T	模型9 ReEarn
CF	-0.0002	0.0002	-0.0001	0.0005**	-0.0001	0.0001	0.0001	0.0001	-0.0005***
	(-0.8280)	(0.8750)	(-0.8050)	(2.4580)	(-0.7300)	(0.2820)	(0.3020)	(0.2010)	(-3.8670)
$Fixass$	0.1660***	0.1120**	0.0548**	-0.204***	0.0026*	0.2140***	0.1730***	-0.0001	0.1060***
	(3.7150)	(2.5690)	(2.3500)	(-5.7700)	(1.1060)	(7.9250)	(6.8610)	(-0.1990)	(3.7660)
$Size$	0.0619***	0.0260***	0.0359***	-0.0568***	0.0064***	0.0586***	0.0307***	0.0641***	0.0804***
	(5.3450)	(2.3120)	(5.9570)	(-6.2250)	(1.0240)	(8.4080)	(4.7060)	(7.1540)	(11.0300)
$Bankrt_{t-1}$	0.1640***	0.1440***	0.0203*	-0.0119	0.0198*	-0.0066	0.0663***	-0.1150**	-0.0120
	(5.6440)	(5.1010)	(1.3410)	(-0.5180)	(1.0310)	(-0.3450)	(4.0410)	(-5.0880)	(-0.7360)
$Accbondprt_{t-1}$	0.0760**	0.0650*	0.0110*	0.1570***	0.0147	-0.0783**	0.0105*	-0.1520***	0.0978***
	(2.0800)	(1.8360)	(1.5770)	(5.4570)	(0.6280)	(-3.5580)	(1.5110)	(-5.3780)	(4.2550)
$Othaccprt_{t-1}$	0.1780***	0.1800***	0.0375*	0.0432	-0.1337***	-0.0308	0.0926***	-0.1520*	0.0092*
	(3.4440)	(3.5850)	(1.1050)	(1.0600)	(-4.1270)	(-0.9470)	(3.1810)	(-3.7890)	(1.2830)
常数项	-1.0400***	-0.2760*	-0.7640***	1.5420***	0.1920	-0.9010***	-0.4040***	-1.2090***	-1.5990***
	(-4.0970)	(-1.1220)	(-5.7760)	(7.7020)	(1.4050)	(-5.8930)	(-2.8220)	(-6.1490)	(-10.0100)
时间固定效应	控制	控制	控制	控制	控制	控制	控制	控制	控制
F	14.4000***	10.2500***	4.0800***	19.9300***	1.5100*	45.5700***	24.9700***	14.5700***	17.4300***
R^2	0.1100	0.0800	0.0400	0.1500	0.0100	0.2900	0.1800	0.1200	0.1300
企业数量	646	646	646	646	646	646	646	646	646
样本量	2685	2685	2685	2685	2685	2685	2685	2685	2685

注:括号内的值是 t 统计量;*表示在10%的显著性水平;**表示在5%的显著性水平;***表示在1%的显著性水平。

资料来源:作者基于 Stata 软件估计。

由表4-3模型1至模型3的相关结果可知，金融排斥指标中，金融供给方评估排斥、技术条件排斥与金融需求方自我排斥程度的减缓有助于银行融资水平的改善，而金融供给方地理排斥与金融需求方条件排斥程度的减缓对银行融资的改善效果有限。具体而言，金融供给方评估排斥的减缓显著提升了短期银行融资占比，对长期银行融资占比的影响不显著，主要原因可能在于评估排斥指标本章主要考虑了企业户均银行承兑汇票融资额，属于企业短期融资，因此，随着金融供给方评估排斥程度的改善，企业短期银行融资的占比得到显著提升。技术条件排斥与企业短期银行融资占比及长期银行融资占比均为显著正相关，表明随着企业信息化应用程度的提高，完善了企业与银行之间的信息沟通机制，进而改善了企业银行融资环境。中小企业自我条件排斥与银行融资、短期银行融资显著负相关，与长期银行融资的关系不显著，表明随着中小企业对银行等金融机构自我排斥程度的减弱，企业从银行获取融资的可能性增加，其中短期银行融资的增加效果尤为显著。对地理排斥而言，银行等金融机构地区分布密度的提高有助于企业长期融资环境的改善，而对企业短期融资的改善效果有限。对中小企业条件排斥指标而言，中小企业融资成本的降低尽管在一定程度有助于短期银行融资的提升，而对长期银行融资与银行融资总体水平的提升效果有限。

表4-3中模型4、模型5测度了金融排斥与企业非银行融资占比的关系。结果显示金融排斥程度的改善在一定程度上降低了非银行融资占比。其中，评估排斥的改善有助于商业信用与民间融资份额的降低，技术条件排斥与中小企业条件排斥程度的减缓会带来商业信用与民间融资占比不同程度的下降，金融需求方自我排斥程度的降低对民间融资份额的降低作用显著。与此不同，地理排斥程度的减缓对非银行融资占比的降低作用有限，这在一定程度上肯定了非银行融资对企业融资的补充作用，表明单纯降低地理排斥程度不能满足中小企业的融资需求。

综合金融排斥对不同外源融资渠道的作用效果，金融排斥对中小企业负债率与内源融资的回归结果如表4-3中模型6至模型9所示。对评估排斥而言，金融供给方评估排斥程度的减缓有助于银行融资水平与短期银行融资水平的提升，对长期银行融资的改善效果有限；从非银行融资渠道来看，评估排斥的改善有助于降低非银行融资占比。总体上，在企业债务水平上，表现为评估排斥的改善有助于企业总债务率与短期债务率的提升，内源融资水平的降低，而对企业债务期限结构的改善效果有限。对地理排斥而言，金融供给方地理排斥程度的减缓有助于长期银行融资水平的提高，而对非银行融资水平的降低效果有限。在债务水平上，表现为地理排斥的改善有助于提高企业总债务率、短期债务率与债务期限结构，降低了内源融资占比。由此可见，地理排斥减缓对债务水平表现为显著的提升效果的主要原因在于非银行融资水平的提高。对技术条件排斥而言，尽管技术条件排斥的改善有助于提高银行融资占比，降低非银行融资占比，然而，其改善对企业总债务率与短期债务率的提升效果不显著，增加了内源融资占比，主要原因可能在于非银行融资占比下降，并且下降程度大于银行融资水平的提高效果。金融需求方条件排斥程度的减缓尽管对商业信用与民间融资占比有显著降低作用，但其对银行融资总体水平的提升效果有限，总体上，表现为中小企业融资成本的降低不利于企业债务水平的提升。对中小企业自我排斥指标而言，中小企业自我排斥程度的降低有助于银行融资与短期银行融资水平的提升及民间融资占比的降低，总体上，随着中小企业自我排斥程度的改善，企业债务水平与短期债务水平得到提升。

企业自身财务变量与财务结构的回归结果表明我国中小企业的财务结构特点不能用优序融资理论或者权衡理论进行完全解释，这一结论与杨其静和李小斌（2010）的研究一致。例如，就控制变量中的成长性变量而言，中小企业总债务率和短期负债率与成长性显著正相关，留存收益与成长性显著负相关，这一结果可以用优序融资理论进行解释，即成长性的提高可以促进企业借贷行为的发生，降低留存收益比率（Myers，1977）；而债务期限结构与企业成长性表现为显著负相关，这一结果可以用权衡理论进行解释，由于逆向选择的存在，中小企业与银行之间存在信息不对称的现象，小企业可能会冒风险提高企业的成长性，这会增加企业长期融资成本，制约了企业债务期限结构的改善。企业资产规模和流动性变量与债务期限结构的研究结果与 Ozkan（2001）、Laureano 等（2012）的研究结论一致，表现为企业规模与流动性水平的提高均有助于改善企业债务期限结构，这一结果与权衡理论相符，即企业规模与流动性水平较高的企业发生信贷违约风险的概率较低（Gruber & Warner，1977；Marsh，1982），因此，企业长期债务占比较高。流动性的提高对企业债务率及短期债务率的提升效果有限，原因可能在于中小企业融资中流动性需求较为旺盛（史建平等，2010），因此，流动性较高的企业债务率表现为降低的趋势。与流动性不同，企业担保能力与债务率及短期债务率的关系符合权衡理论，研究结果表明，企业担保能力的提升有助于促进企业债务率与短期债务率的增加（Hall 等，2000；Vieira & Novo，2010）。根据权衡理论，随着企业固定资产占比的提高，企业违约风险的概率降低，这会提高金融机构对企业放款的积极性，提升企业债务水平。盈利性变量与总债务率、短期债务率及内源融资的关系符合优序融资理论，表现为企业盈利水平的提升导致企业债务率与短期债务率下降，而内源融资占比上升（Michaelas 等，1999；Garcia & Mira，2003；Vieira & Novo，2010）。根据优序融资理论，盈利水平较高的企业资金更多地由内源融资提供，较少通过外源融资渠道进行融资。综上，从企业自身条件来看，随着企业规模与资产担保能力的提升，企业债务水平与银行融资环境得到改善；企业规模与流动性的增加表现为对企业债务期限结构的改善；对非银行融资因变量而言，企业规模、资产担保能力与流动性的提升对民间融资的降低效果有限，在一定程度上肯定了非银行融资对企业债务率提升的积极作用。

综上所述，随着金融机构对企业评估条件的科学化与合理化，企业银行融资环境得到改善，特别是企业短期银行融资水平得到提升，企业内源融资与非银行融资水平显著降低，总体上，企业债务率显著提高。随着企业信息化应用水平的提高，企业银行融资环境得到改善，非银行融资水平显著降低，由于非银行融资水平的下降幅度大于银行融资的改善效果，总体上导致了企业负债率的降低与内源融资水平的提高。随着金融机构分支机构地区分布水平的提升，企业长期融资水平得到提高，企业从非银行融资渠道的融资占比提升，在正规融资渠道与非正规融资渠道的共同作用下，企业总债务率得到提升。中小企业融资成本的降低有助于短期银行融资水平的降低，其与企业债务率显著正相关，表明随着中小企业条件排斥程度的减缓，商业信用与民间融资的同时降低导致企业债务水平呈下降趋势，需要内源融资进行补充。中小企业自我排斥程度的减缓有助于银行融资的改善与民间融资占比的下降，总体上有助于企业债务水平的提升。与企业自身条件相结合，要改善企业银行融资水平，增加企业财务结构的稳健性，一方面，需要从金融排斥指标入手，降低企业受到银行等金融机构排斥的程度，并且与企业自身条件相结合，提升银行融资获取能力；另一方面，规范并适当鼓励非银行融资的发展，与正规融资渠道结合，共同增加中小企业的财务结构稳健性。

3. 进一步分析

（1）加入地区虚拟变量。出于稳健性考虑，本章引入地区虚拟变量，以中西部地区为对照，引入东部地区虚拟变量❶，测度了不同地区金融排斥与企业财务结构的关系，加入地区变量的回归结果如表4-4所示。

---

❶　对于三大区域的划分，本部分采用1986年七五计划对我国经济带的划分标准，东部地区包括北京、天津、上海、江苏、浙江、山东、广东、河北、辽宁、福建、海南11个省（直辖市）；中部地区包括山西、河南、江西、安徽、吉林、黑龙江、湖南、湖北8个省（直辖市）；西部地区包括内蒙古、广西、重庆、四川、贵州、云南、西藏、陕西、甘肃、青海、宁夏、新疆12个省（直辖市、自治区）。

表4-4 金融排斥、地区变量与中小企业财务结构回归结果❶

模型变量		金融排斥指标(EI)					时间固定效应	F	R^2	企业数量	样本量
		EvaluativeE	AccessE	InformE	CondE	SelfE					
模型1	Bankrt										
	东部	0.0817** (1.9960)	-0.3031*** (-2.7040)	0.0006* (1.2470)	0.8020 (0.1750)	-0.1393* (1.4120)	控制	9.2600***	0.1287	646	2685
	中西部	0.0021 (1.0565)	0.0409* (1.0710)	0.0004 (1.57150)	0.2500 (0.0863)	-0.2070* (-1.7730)					
模型2	SHD										
	东部	0.0741*** (2.2040)	-0.3161*** (-2.7590)	0.0007* (1.5290)	-0.5672* (-1.2000)	-0.0100* (1.5260)	控制	8.2600***	0.1164	646	2685
	中西部	0.0103* (1.2840)	0.0209** (1.5700)	0.0003 (1.4080)	0.0368* (1.0132)	-0.2210* (-1.9730)					
模型3	LOD										
	东部	0.0076 (-1.2300)	0.0130* (-1.1050)	0.0001 (1.5020)	1.3690 (0.7060)	-0.0287 (-1.6750)	控制	3.4400***	0.0520	646	2685
	中西部	0.0124 (1.6330)	0.0200** (1.0060)	0.0001* (1.3440)	0.2130 (1.1410)	-0.0143 (-1.2340)					

❶ 篇幅所限,控制变量的回归结果在此省略汇报,有兴趣的读者可以向作者索取。

模型变量		EvaluativeE	AccessE	InformE	CondE	SelfE	时间固定效应	F	R^2	企业数量	样本量
		金融排斥指标(EI)									
模型4 Accbondprt	东部	-0.0498** (-1.3830)	0.0943* (1.0540)	-0.0005* (-1.3230)	0.2110* (-1.7960)	0.0862 (1.7960)	控制	12.0100***	0.1607	646	2685
	中西部	-0.0062 (-1.2090)	-0.0117 (-1.3860)	-0.0001 (-1.0097)	0.5930 (1.2590)	0.0168 (1.1820)					
模型5 Othaccprt	东部	-0.0012** (2.0610)	0.1006** (2.1070)	0.0001** (1.6560)	0.2850* (-1.3210)	0.0260** (-2.5180)	控制	1.8900***	0.0293	646	2685
	中西部	-0.0065 (-1.2090)	-0.0434** (-2.1150)	-0.0002 (-1.5630)	2.5190 (1.6150)	0.1960*** (3.1160)					
模型6 TD	东部	0.0337* (1.0375)	0.0402* (-1.0310)	-0.0001* (1.6800)	0.1140* (-1.5570)	-0.2278** (-1.9760)	控制	28.1000***	0.3094	646	2685
	中西部	0.0328* (1.4550)	0.0426* (1.8640)	-0.0005* (-1.1390)	0.8170* (1.0470)	-0.0338* (-1.4830)					
模型7 STD	东部	0.0400* (1.2450)	-0.0098* (-1.5030)	-0.0001* (1.5340)	-0.5610* (-1.2250)	-0.1156** (-1.1030)	控制	16.3400***	0.2067	646	2685
	中西部	0.0112* (1.5290)	0.0260* (1.2200)	-0.0003* (-1.7670)	0.5340* (1.9820)	-0.0146** (-1.2240)					

续表

模型变量			EvaluativeE	AccessE	InformE	CondE	SelfE	时间固定效应	F	R^2	企业数量	样本量
模型8	L/T	东部	0.00115 (−1.8730)	0.1763** (1.3570)	0.0002* (1.0157)	0.3570 (−1.4260)	−0.1315* (−1.1530)	控制	9.0300***	0.1258	646	2685
		中西部	0.0155* (1.5290)	0.0423** (1.4270)	0.0002* (1.2870)	1.3960 (1.6200)	−0.1120* (−1.2350)					
模型9	ReEarn	东部	−0.0138* (−1.0320)	−0.0848* (−1.5390)	−0.0002* (−1.9540)	−0.1610* (1.5290)	−0.1160* (2.3470)	控制	14.0600***	0.1830	646	2685
		中西部	−0.0019* (−1.0805)	−0.0425* (−1.8070)	0.0008* (1.8010)	−1.1860* (−1.1860)	−0.1220 (−1.6930)					

注:括号内的值是 t 统计量;*表示在10%的显著性水平;**表示在5%的显著性水平;***表示在1%的显著性水平;东部地区系数为作者根据回归结果整合得到。

资料来源:作者基于 Stata 软件估计。

由表 4-4 中模型 1 至模型 3 可得，金融供给方评估排斥、技术条件排斥与金融需求方排斥对银行融资的作用没有显著的地区差异，而金融供给方地理排斥的地区差异显著。表 4-4 结果显示，银行等金融机构分布密度的增加对中西部地区中小企业银行融资的促进作用显著，这可能与中西部地区银行等金融机构分布较少有关，欠发达地区金融机构分布密度低于东部地区，导致中西部地区中小企业对金融机构的可及性较弱，因此，增加中西部地区金融机构的分布密度有助于改善该地区中小企业融资环境，而对东部地区中小企业而言，地理排斥程度的减缓对该地区中小企业的融资可得性改善效果有限，表明对于东部地区中小企业而言，金融机构密度的改善并不能满足企业融资需求。对长期银行融资占比而言，地理排斥程度的减缓均有助于东中西部中小企业长期银行融资的提升。由此可见，需要加强中西部地区金融机构的分布密度，增加中西部地区中小企业对金融机构的可及性。综合地区变量的回归结果后，表现为金融供给方地理排斥与银行融资及短期银行融资负相关，与长期银行融资正相关，与表 4-3 结果一致。对于中小企业条件排斥而言，其对银行短期融资表现出一定程度的地区差异，具体表现为金融需求方条件排斥指标与东部地区中小企业短期银行融资呈显著负相关，而与中西部地区中小企业短期银行融资表现为显著正向关系，原因可能在于东部地区中小企业数量较多，企业资本回报率与工资率相对中西部地区较高，东部地区中小企业从金融机构获取资金较中西部地区中小企业更为容易，因此，东部地区中小企业受中小企业融资成本的影响较大。而对中西部地区中小企业而言，非银行融资是其主要外源融资渠道，中小企业融资成本的增加意味着中西部地区从非银行金融机构融资的概率增加，同样带来了中西部地区短期银行融资的提高。

表 4-4 中模型 4、模型 5 的结果显示，对于中西部地区而言，除了地理排斥与自我排斥的减缓对中西部地区民间融资有显著降低的作用以外，随着金融排斥的改善，中西部地区非银行融资的系数均不显著。主要原因在于中西部地区中小企业融资来源中非银行融

资占比较高，因此，金融排斥的改善对中西部地区中小企业非银行融资的降低作用有限。就地区差异而言，与中西部地区相比，金融供给方地理排斥指标与东部地区中小企业商业信用及民间融资占比显著正相关，结合地理排斥与东部中小企业银行融资呈显著负相关可得，地理排斥的改善并不能满足东部地区中小企业的融资需求，需要非银行融资进行补充。

综合金融排斥对各融资渠道的作用，不同地区金融排斥与企业债务比率的关系如表4-4中模型6至模型9所示。对总债务率和债务期限结构而言，金融排斥指标对总债务率均没有显著的地区差异；对短期债务率而言，金融供给方地理排斥与中小企业条件排斥表现出显著的地区差异，与银行短期融资的结论一致，即地理排斥的减缓对中西部地区中小企业短期债务率提升效果较东部地区大，中小企业融资成本的降低对东部地区中小企业短期债务率的提升效果较中西部地区大；对于内源融资而言，技术条件排斥表现出一定程度的地区差异，表现为东部地区技术条件水平的改善有助于内源融资占比的下降，而中西部地区中小企业信息应用水平的提升对内源融资的降低效果有限，原因可能在于企业技术应用水平的提升不能满足中西部地区中小企业的融资水平，需要内源融资进行补充。由此可见，改善企业融资环境，一方面，需要从金融排斥入手，使得各地区银行对中小企业的评估程序合理化、提升企业技术应用程度、缓解中小企业自我排斥程度，增加银行等金融机构在西部地区的分布密度。另一方面，需要规范、鼓励非银行金融的发展，扩展中小企业融资渠道，发挥非银行融资的补充作用，对于提升中小企业债务水平，尤其是中西部地区有重要作用，最终增加企业财务结构的稳健性。综上，金融排斥对企业财务结构的影响表现出一定程度的地区差异，综合东部地区与中西部地区金融排斥对企业财务结构的影响后，结论与表4-3的结果一致。引入地区虚拟变量对模型进行回归的结果一方面从不同地区对结果进行分析，加深了对主检验结果的理解；另一方面，综合不同地区金融排斥的财务结构效应后的结果与主检验结果相符，进一步检验了本章表4-3的结果，说明主检验的结果是稳健的。

（2）剔除"中小企业板"中银行融资占比高于60%的企业，以2010—2014年CSMAR数据库中小企业板上市公司作为样本，将中小企业按照获得银行融资的比例分为三组：银行融资占比大于均值（39.38%）的中小企业、银行融资占比小于均值的中小企业以及没有银行融资（银行融资占比小于1%）的中小企业。如图4-2所示，没有获得银行融资的中小企业负债水平在三组中最低，内源融资与自有资本占比显著高于其他两组，外源融资主要依赖商业信用与民间融资，外源融资与负债的占比高于其他两组。与此相反，银行融资占比大于均值的中小企业负债水平在三组企业中较高，内源融资与自有资本在三组企业中较低，与此同时，外源融资中的商业信用与民间融资占比低于其他两组。银行融资占比小于均值的中小企业负债水平居中。综上，银行融资水平高于均值的企业负债水平较高，自有资本与内源融资占比较低，外源融资中商业信用与民间融资均低于银行融资水平较低的企业，银行融资水平较低的企业则表现相反。图4-2数据表明，银行融资水平不同的中小企业财务结构差异显著，在财务结构上存在不同的特点。鉴于获取银行融资较

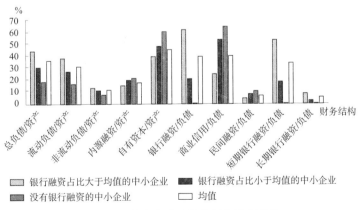

图4-2　中小企业融资差异与财务结构

资料来源：作者根据CSMAR数据库"中小企业板"财务数据整理。

高的企业受到的金融排斥程度较轻，这可能对结果造成偏差，本章将银行融资占比高于60%的中小企业从本章企业样本中进行剔除，其占本章企业总量的26.74%❶，对金融排斥的财务结构效应模型进行重新回归，回归结果如表4－5所示，与主检验结果（表4－3）基本一致，说明本章所采用的样本符合稳健性的要求。

4. 稳健性检验

为了保证研究结果的稳健性，除了上文中所采取的设置地区虚拟变量以及剔除"中小企业板"中银行融资占比较高的企业对回归结果外，本书还进行了如下稳健性检验。

（1）内生性检验。针对模型中金融排斥指标、企业自身变量（如盈利能力、成长性）与财务结构变量之间可能存在反向因果关系，我们对模型进行了GMM两步回归，结果如表4－6所示。如表4－6所示，金融排斥对企业财务结构的GMM检验结果AR（1）的$p<0.1$，AR（2）的$p>0.1$，并且通过了$Sargan$检验，说明金融排斥指标对企业财务结构的系统GMM检验结果是稳健的。与本章主检验（如表4－3所示）的结果没有实质性的差异，说明本章金融排斥的财务结构效应的模型设定是稳健的。

（2）改变缩尾程度。考虑不同极端值处理程度可能对结果造成影响，本章将主要连续变量由上下1%的winsorize处理，调整为上下2%与3%，调整后实证结果与主检验基本一致。❷

（3）变量替代。为了保证技术条件排斥指标的稳健性，我们用工信部信息化推进司"区域'两化'融合水平评估企业调查数据"中"信息化发展指数"替代"企业信息化应用指数"，对本章模型重新进行了回归，技术排斥指标替代变量用$InformE_2$表示，回归结果如表4－7所示，与表4－3中结果没有实质性差异，说明本章所采用的技术条件排斥度量指标是稳健的。

---

❶ 数据来源：作者根据CSMAR数据库"中小企业板"数据整理。
❷ 篇幅所限，改变缩尾程度的稳健性检验结果在此省略汇报。

表 4-5 金融排斥与银行融资占比低于 60% 的中小企业财务结构回归结果❶

模型变量	模型 1 Bankrt	模型 2 SHD	模型 3 LOD	模型 4 Accbondprt	模型 5 Othaccprt	模型 6 TD	模型 7 STD	模型 8 L/T	模型 9 ReEarn
金融排斥指标(EI)									
EvaluativeE	0.0418**	0.0235*	0.0183	-0.0549***	-0.0249*	0.0322***	0.0263*	0.0174	-0.0263**
	(2.101)	(1.216)	(1.012)	(-3.055)	(-1.886)	(2.789)	(2.369)	(1.036)	(-2.523)
AccessE	-0.0008*	-0.0252*	0.0260*	0.0020*	0.0124*	0.0267*	0.0176*	0.0496*	-0.0191*
	(-1.0230)	(-1.775)	(1.694)	(1.0674)	(1.5610)	(1.3720)	(1.9440)	(1.7540)	(-1.0890)
InformE	0.0003*	0.0003*	0.0001*	-0.0001*	-0.0002*	-0.0004*	-0.0004*	0.0007*	0.0001*
	(1.688)	(1.688)	(1.0433)	(-1.0410)	(-1.8720)	(-1.7630)	(-1.6660)	(1.1270)	(1.2640)
CondE	0.9410	-0.1500*	1.0910	1.0800*	2.0610*	0.5460*	-0.7510	0.9140	-0.0978
	(0.5870)	(-1.0962)	(1.4870)	(1.746)	(1.9400)	(1.5860)	(-0.8410)	(0.6750)	(-1.1160)
SelfE	-0.0723*	-0.0332*	-0.0391	0.0561	0.1080*	-0.0606*	-0.0062*	-0.1550*	-0.0055
	(-1.6930)	(-1.3280)	(-0.8190)	(0.5960)	(1.5690)	(-1.0000)	(-1.1070)	(-1.7540)	(-0.1000)
常数项	-1.7190***	-1.2170***	-0.5020***	2.3170***	0.0332	-1.8140***	-1.3200***	-1.1150***	-0.1560*
	(-5.7180)	(-4.1700)	(-3.6480)	(8.5370)	(0.1670)	(-10.4000)	(-7.8800)	(-4.3890)	(-1.9870)
F	10.36***	8.51***	2.77***	18.05***	1.65**	40.30***	20.80***	12.55***	6.74***
R²	0.1190	0.1000	0.0350	0.1900	0.0210	0.3440	0.2130	0.1400	0.0810
企业数量	565	565	565	565	565	565	565	565	565
样本量	1967	1967	1967	1967	1967	1967	1967	1967	1967

注:括号内的值是 t 统计量;* 表示在 10% 的显著性水平;** 表示在 5% 的显著性水平;*** 表示在 1% 的显著性水平。

资料来源:作者基于 Stata 软件估计。

❶ 为了节省篇幅,表 4-5 控制变量的结果如附录表 1 所示。

表 4 - 6 金融排斥与中小企业财务结构的 GMM 检验结果①

模型变量	模型 1 Bankrt	模型 2 SHD	模型 3 LOD	模型 4 Accbondprt	模型 5 Othaccprt	模型 6 TD	模型 7 STD	模型 8 L/T	模型 9 ReEarn
金融排斥指标(EI)									
Evaluative	0.0648**	0.0174**	0.0036	-0.0176*	0.0307**	0.00489**	0.0405**	0.0498	-0.0072*
	(2.3440)	(2.4020)	(1.4610)	(-1.7420)	(2.0010)	(2.2170)	(2.8560)	(1.8320)	(-1.4510)
AccessE	-0.0156*	-0.0424***	0.0542***	0.0301*	0.0697**	0.0139*	0.0586*	0.0610*	-0.0571*
	(-1.2920)	(-2.5330)	(3.0000)	(1.5800)	(2.4700)	(2.3750)	(1.2810)	(1.9650)	(-1.8530)
InformE	0.0001*	0.0002*	0.0003*	-0.0004*	-0.0004	-0.0002	-0.0004	0.0004**	0.0003*
	(1.1540)	(1.6900)	(1.2880)	(-1.7730)	(-1.9250)	(-1.4130)	(-1.6800)	(2.4100)	(1.6880)
CondE	1.4799	-1.3808*	0.1721	0.8453*	0.2807*	2.1989*	-4.1274***	0.3375	-0.8042*
	(1.1700)	(-1.0600)	(0.1900)	(1.0500)	(1.5500)	(1.9000)	(-2.9100)	(0.3700)	(-1.8200)
SelfE	-0.1916*	-0.0144*	-0.0922	0.1794*	0.1003*	-0.1739*	-0.1326*	-0.1438*	-0.0335
	(-1.1700)	(-1.0900)	(-0.8100)	(1.7200)	(1.5400)	(-1.2900)	(-1.9900)	(-1.4100)	(-0.2900)
常数项	-2.3300*	-0.6480*	-0.4130*	0.2820*	0.8410	-3.0970*	-1.7620*	-0.4350*	-0.0864
	(-1.6830)	(-1.7920)	(-1.0700)	(1.1960)	(0.8910)	(-2.3830)	(-1.3650)	(-1.7910)	(-0.1560)
AR(1)	-9.9600	-9.1700	-4.6200	-9.3000	-6.2600	-4.7900	-6.0400	-6.2600	-3.1100
	[0.0000]	[0.0000]	[0.0000]	[0.0000]	[0.0000]	[0.0000]	[0.0000]	[0.0000]	[0.0020]
AR(2)	0.4000	0.2000	-0.5100	-0.2900	0.8500	-1.4100	0.4500	-1.2600	0.6200
	[0.6880]	[0.8410]	[0.6120]	[0.7720]	[0.3960]	[0.1580]	[0.6510]	[0.2070]	[0.5330]

① 为了节省篇幅,表 4 - 6 控制变量的结果如附录表 2 所示。

续表

模型变量	模型 1 Bankrt	模型 2 SHD	模型 3 LOD	模型 4 Accbondprt	模型 5 Othaccprt	模型 6 TD	模型 7 STD	模型 8 L/T	模型 9 ReEarn
Sargan 检验	65.1200 [0.0070]	40.1900 [0.0200]	151.7600 [0.0000]	253.3200 [0.0000]	153.9900 [0.0000]	87.8800 [0.0000]	49.1800 [0.0350]	277.2800 [0.0000]	349.5000 [0.0000]
企业数量	646	646	646	646	646	646	646	646	646
样本量	2685	2685	2685	2685	2685	2685	2685	2685	2685

注：圆括号内的值是 t 统计量；方括号内是 p 统计量；*表示在 10%的显著性水平；**表示在 5%的显著性水平；***表示在 1%的显著性水平。

资料来源：作者基于 Stata 软件估计。

表 4 - 7　金融排斥与中小企业财务结构回归结果（技术变量替代稳健性检验）❶

模型变量	模型 1 Bankrt	模型 2 SHD	模型 3 LOD	模型 4 Accbondprt	模型 5 Othaccprt	模型 6 TD	模型 7 STD	模型 8 L/T	模型 9 ReEarn
金融排斥指标(EI)									
EvaluativeE	0.0490* (1.9460)	0.0603** (2.4840)	0.0113 (1.8550)	-0.0275* (-1.3840)	0.0029* (1.2330)	0.0294** (2.3280)	0.0396*** (3.0280)	0.0118 (1.6020)	-0.0067* (-1.6270)
AccessE	-0.1240* (-1.6480)	-0.2020*** (-2.7730)	0.0772* (1.9560)	0.0374* (1.6280)	0.0323* (1.8580)	0.0774* (2.0500)	0.0478* (1.2210)	0.0785* (1.3320)	-0.0411* (-1.2780)

❶ 为了节省篇幅，表 4 - 7 控制变量的结果如附录表 3 所示。

续表

模型变量	模型1 Bankrt	模型2 SHD	模型3 LOD	模型4 Accbondprt	模型5 Othaccprt	模型6 TD	模型7 STD	模型8 L/T	模型9 ReEarn
$InformE_2$	0.0003*	0.0002*	0.0001*	-0.0005**	-0.0004	-0.0007*	-0.0006*	0.0003*	0.0006*
	(1.2350)	(1.133)	(1.2040)	(-1.5320)	(-1.1010)	(-1.1790)	(-1.917)	(1.3340)	(1.2910)
CondE	0.2755	-0.7497*	1.0251	0.0137*	1.1646*	0.8905	-0.4308	0.7867	-0.4023*
	(0.1900)	(-1.5400)	(1.3600)	(1.0100)	(1.5000)	(1.0300)	(-0.5300)	(0.7000)	(-1.4400)
SelfE	-0.1539*	-0.1140*	-0.0398	0.0074	0.1184**	-0.1471**	-0.0856*	-0.1290*	-0.0374
	(-1.5800)	(-1.2100)	(-0.7800)	(0.1000)	(2.2600)	(-2.5100)	(-1.5600)	(-1.7100)	(-0.6100)
常数项	-1.2040***	-0.6760*	-0.5280***	2.0070***	0.1760	-1.5280***	-0.8380***	-1.0320***	-0.1290*
	(-3.2980)	(-1.9220)	(-2.7670)	(6.9650)	(0.9660)	(-8.3650)	(-4.4220)	(-3.6220)	(-1.8310)
时间效应	控制	控制	控制	控制	控制	控制	控制	控制	控制
F	14.4000***	10.2400***	4.1100***	20.0000***	1.5600*	46.2000***	25.2900***	14.6300***	17.4400***
R^2	0.1137	0.0836	0.0353	0.1512	0.0137	0.2915	0.1838	0.1153	0.1344
企业数量	646	646	646	646	646	646	646	646	646
样本量	2685	2685	2685	2685	2685	2685	2685	2685	2685

注:括号内的值是t统计量;*表示在10%的显著性水平;**表示在5%的显著性水平;***表示在1%的显著性水平。

资料来源:作者基于Stata软件估计。

4.4　本章小结

4.4.1　研究结论

　　本章以金融排斥为切入点，从中小企业视角分析了金融排斥对企业财务结构的效应。在金融排斥指标体系的构建上，本章以第3章金融排斥评价指标的设定为基础，实证研究了金融排斥指标对企业财务结构变量的影响，并引入地区虚拟变量研究了金融排斥对企业财务结构在区域差异方面的表现，结合我国中小企业板上市企业的实际情况，得出如下结论：

　　首先，通过对金融排斥指标对企业财务结构变量的作用效应的实证研究，结果表明金融排斥的减缓在一定程度上有助于中小企业财务结构的改善。其中，金融供给方评估排斥与金融需求方自我排斥的改善有助于银行融资占比与短期银行融资占比的提高，有助于商业信用占比的降低，综合银行融资与非银行融资的影响效果，表现为评估排斥的改善对企业债务水平有促进作用。地理排斥与技术条件排斥程度的减缓对企业债务期限结构的改善效果显著。换句话说，中小企业银行融资的难度随着评估排斥与自我排斥程度的增加而提高；中小企业债务短期化随着地理排斥与技术条件排斥程度的增加而加剧，这会造成中小企业流动性风险与融资成本的上升，企业财务结构的稳健性下降。一旦遇到外部冲击，企业很容易陷入危机。随着次贷危机、欧债危机的发生，国际经济增长趋于放缓，我国面临经济新常态，经济增长率下降，经济结构亟须调整。在这样的背景下，近年来，我国中小企业跑路现象突出，这与我国中小企业财务结构稳健性下降有关系，许多中小企业的短期银行融资无法偿还，面临资不抵债、破产的困境。

　　其次，就金融排斥对非银行融资的作用效果而言，金融排斥程度的改善在一定程度上降低了非银行融资占比。其中，金融供给方评估排斥、技术条件排斥以及金融需求方条件排斥的改善会带来商业信用与民间融资占比不同程度的下降，金融需求方自我排斥程度的降低对民间融资份额的降低作用显著。而地理排斥与非银行融资占比显著正相关，表明依靠金融机构密度的增加不能满足中小企业的融资需求，需要非银行融资进行补充。

再次，引入地区虚拟变量的实证结果显示，金融机构分布密度的增加对银行融资的改善在中西部地区中小企业中体现得更好，而中小企业融资成本的降低对短期银行融资环境的改善在东部地区中小企业中更为显著。因此，需要增加中西部地区金融机构的分布密度，降低东部地区中小企业融资成本。就金融排斥对非正规金融机构在地区差异方面的表现，与东部地区相比，金融排斥程度的减缓对中西部地区非银行融资的作用效果不显著。具体到金融排斥指标上，与中西部地区相比，金融供给方地理排斥指标与东部地区中小企业商业信用与民间融资占比显著正相关，结合地理排斥与东部中小企业银行融资呈显著负相关可得，金融机构密度的改善并不能满足东部地区中小企业的融资需求，需要非银行融资进行补充。

最后，通过分析控制变量对企业财务结构的影响，发现对企业自身条件而言，企业债务率与银行融资占比随企业规模与资产担保能力的提升改善效果明显，企业规模与流动性提升对企业长期银行融资的改善效果显著。不过，企业非银行融资来源中民间融资受企业规模、资产担保能力和流动性提升的影响有限，在一定程度上说明民间融资对企业债务水平提升的补充作用。因此，从金融排斥入手，结合企业自身财务条件，提出增加企业财务结构稳健性的政策路径显得尤为必要。

4.4.2 管理启示

基于本章的研究成果，对于改善中小企业财务结构有如下管理启示：

第一，金融供给方评估排斥与金融需求方自我排斥的缓解有助于中小企业银行融资环境的改善，降低商业信用占比，增加企业财务结构的稳健性。为了缓解评估排斥，可以从增加中小企业担保机制，设立担保基金等入手，建立一个针对我国中小企业的担保体系，降低由于逆向选择导致的信息不对称，并在此基础上完善与担保体系配套的风险分担机制，化解担保风险；其次，引导和鼓励银行等金融机构建立科学有效的评估程序，建立可持续的银企合作关系。缓解中小企业自我排斥程度，一方面，需要加强中小企业金融知识的普及，加强中小企业对金融机构的依赖程度；另一方面，增强中小企业自身财务条件，降低中小企业自身对金融机构的排斥程度。

第二，地理排斥与技术条件排斥的缓解有助于中小企业银行融资期限结构的改善，增加中小企业获取银行长期融资的能力。对于地理排斥而言，金融机构分布密度的提升对中西部地区中小企业银行融资的改善效果较东部地区显著。因此，需要加强金融机构建设，建立一批为中小企业服务的中小金融机构，特别是加强中西部等经济欠发达地区的金融机构建设，改善该地区银行融资环境，减小地理排斥对银行融资的地区差异。中小金融机构与大型金融机构相比，其与中小企业的联系较为紧密，这可以有效降低金融机构的尽职调研成本及银行与企业之间的信息不对称性，有效缓解金融机构地理排斥程度。与此同时，推进信息化云平台建设，减小信息化技术应用程度对银行融资的排斥程度，增加企业财务稳健性。

第三，中小企业条件排斥程度的减缓对银行短期融资的地区差异显著，表现为东部地区中小企业短期银行融资水平随着中小企业融资成本的降低而改善，中西部地区中小企业表现不显著。这一结果表明，对于中小企业条件排斥指标而言，需要分地区采取差异化政策，在降低东部地区中小企业融资成本的同时，鼓励并规范非银行金融的发展，特别发展中西部地区非银行金融机构，拓展中西部地区中小企业的融资渠道。金融排斥指标对非银行融资的区域差异结果表明，中西部地区中小企业非银行融资受金融排斥的影响效果不显著，在一定程度上肯定了非银行融资渠道对中西部地区中小企业债务水平的促进作用。由此可见，应在拓展间接融资渠道的同时，创新金融产品，适度鼓励非银行金融的发展，形成与正规金融机构相互竞争的局面，提升金融机构对企业放贷的积极性。

此外，中小企业自身条件中，企业规模、资产担保能力的提升有助于企业债务率与银行融资占比的提升，企业规模与流动性的提高有助于企业长期银行融资结构的改善，因此，可从企业自身角度出发扩大企业规模、提高资产担保能力与流动性等，增强企业自身素质，增加企业财务结构的稳健性。

综合金融排斥对中小企业财务结构的效应分析可得，要提升中小企业融资可得性、改善企业融资期限结构，并最终提高中小企业财务稳定性。一方面需要从减缓评估排斥、中小企业自我排斥、地理排斥与技术条件排斥入手，增加适合中小企业的担保机制、降低中小企业自我排斥程度、加强中小金融机构建设、提高企业信息化应用水平，降低企业与金融机构之间的信息不对称性，完善中小企业与金融机构之间的信息沟通机制，增加中小企业对金融机构的依赖程度。另一方面，从非正规金融机构入手，规范并适度鼓励其发展，与金融机构相互竞争、相互补充，建立有效的、多层次的融资体系。此外，提高企业资产担保能力与企业规模等自身条件，促进我国中小企业财务结构的可持续发展。

第5章 金融排斥的产业结构效应分析

《关于国民经济和社会发展第十个五年计划纲要的报告》发布之后，产业结构战略性调整成为产业结构调整的主要特点，党的十八大进一步指出，优化产业结构是推进经济结构战略性调整的重点之一。产业经济学的经典理论表明，产业结构优化对于经济增长至关重要（周少甫等，2013）。目前，我国已经进入工业化中期，产业结构升级缓慢，这会阻碍经济可持续发展。因此，如何优化与调整产业结构成为现阶段研究的重点。已有研究表明，产业结构升级缓慢最主要的原因是科技创新能力较低，因此，积极发展高新技术产业、增强产业核心竞争力，是我国产业结构优化的关键所在。中小企业作为推动经济增长的主要力量以及资源配置的微观主体，是产业的主要载体，其发达程度对于现代制造业与现代服务业的发展具有至关重要的作用。第二产业中，中小型工业企业数量在规模以上工业企业中占有绝对优势，以劳动密集型企业为主，技术与资本有机构成较低，第三产业企业具有明显的中小企业特点，技术含量与市场化程度较低。中小企业在获取银行等金融服务方面，较大型企业表现出较为严重的金融排斥。那么，金融排斥是否会影响企业资源禀赋的转型与调整、阻碍企业市场化程度以及技术含量的提升，进而影响现代制造业与现代服务业的发展？如何改善金融排斥，优化产业结构？这是本章研究的主要问题。

5.1 产业结构测度以及影响因素的研究文献评述

目前，国内外学者主要从两个方面对产业结构问题进行研究。一是产业结构的测度。Clark（1957）在威廉·配第的研究基础上，整理了 40 多个国家和地区不同时期三次产业的劳动投入与产出的数据，提出三次产业的升级路径，后经 Chenery 等（1975）、Syrquin & Chenery（1989）证实，即三次产业演进趋势为：随着经济增长和人均国民收入的提高，劳动力首先由第一产业向第二产业转移，然后再向第三产业转移。国内文献将第二、三产业产值占 GDP 的比重作为产业结构高级化的重要指标，表示产业结构产值由低水平向高水平的演进趋势。不过，这一指标忽略了第二产业与第三产业的结构变化，随着 20 世纪 70 年代信息技术革命的发生，出现"经济服务化"倾向，第三产业增长率加快，甚至快于第二产业（吴敬琏，2008），干春晖等（2011）用第三产业与第二产业产值比重作为产业结构高级化指标，这一指标昭示产业是否朝着服务化方向发展。

二是产业结构影响机理与决定因素分析，国内外学者做了大量的理论和实证研究，主要从金融层面与非金融层面进行研究。金融层面的研究主要围绕金融发展、信贷供给与资本配置效率之间的关系展开。金融发展与金融结构的改善有助于减少信息交易成本，因此，将储蓄者与投资者的资金供求进行重新组合，提升储蓄——投资转化率，有利于改善经济运行环境（Pagano，1993；Schumpeter，1982；傅进和吴小平，2005；张旭和伍海华，2002）。对于企业而言，金融的发展有利于降低企业外源融资成本，促进企业的发展与产业结构的升级（Rajan & Zingales，1998）。信贷供给通过影响企业投资与产出，表现为银行信贷对经济增长有显著的促进作用（Kashyap 等，1993；刘涛，2005；国务院发展研究中心金融研究所货币政策传导机制研究组，2003）。综上，无论优势产业的发展还是传统产业的升级或调整，都离不开健全的金融服务体系。

非金融层面的研究主要探究了技术水平、供给方就业水平、资本水平、需求方消费水平、对外贸易、外商直接投资，以及宏观政策等因素对产业结构升级的影响。Huang & Li（2009）基于我国1991—2007年的省际面板数据，研究了技术创新对产业结构升级和经济增长的影响，结果表明技术创新有助于产业结构升级、提升劳动生产率，推进经济增长。周叔莲和王伟光（2001）、韩颖和倪树茜（2011）、李娜和王飞（2012）的研究表明产业结构升级缓慢最主要的原因是科技创新能力较低，指出积极发展高新技术产业、增强产业核心竞争力，是我国产业结构优化的关键所在。周叔莲和王伟光（2001）指出，受到科技创新的影响较大的产业（或行业）将进入规模报酬递增的阶段，而且科技创新的"偶然性"在不同的产业分布状态不均衡，由此，率先进行科技创新的产业（或行业）会逐步移至其他产业（或行业），不同产业出现交替增长的过程，形成新的主导产业群。这一分析可以得出科技创新是产业结构优化的关键环节。Zhang（2010）在技术创新的基础上，加入供给方就业水平，探究产业结构的影响因素，认为我国产业结构升级缓慢的主要原因在于劳动力相对素质较差，技术进步缓慢，造成工业结构以加工业为基础的局面。Li（2012）研究了产业结构与就业水平的关系，认为第三产业产值占比与就业水平正相关，而第二产业产值占比与就业水平负相关，因此，放松对第三产业的管制，并提高经过专业培训的劳动力在不同产业之间的流动性是提高就业水平、促进产业结构优化的两个重要方面。杨德勇和董左卉子（2007）采用我国1994—2005年的时间序列数据，探究了资本市场与产业结构的关系，结果表明资本市场规模的扩大有助于我国产业结构优化。洪银兴（2001）指出，我国贸易结构中出口以工业制成品为主，进口以技术密集型产品为主，通过进出口从国外吸收高新技术，发展新兴产业，有助于产业结构优化。吴进红（2005）运用多元回归模型分别研究了进口量与出口量对三次产业产值以及工业结构的影响，结果表明进出口均对三次产业有拉动作用，证实了洪银兴（2001）的分析。姚树洁等（2006）、王美今和沈绿珠（2011）研究了外商直接投资与产业结构的关系，表明外商直接投资有助于国内生产技术效率的提高与产业结构优化。以上对产业结构影响因素的分析侧重研究单个因素对产业结构升级的影响，不过，现实中产业结构是这些因素相互作用的结果，杜传忠和郭树龙（2011）综合考虑了供给方就业水平、资本水平、技术水平、对外贸易以及外商直接投资，并加入了需求方消费水平、政府财政支持以及对外冲击三个指标，运用我国省级面板数据分析了产业结构的影响因素，结果表明供给方固定资产投资水平、需求方消费水平、外商直接投资以及对外冲击对产业结构的影响作用显著。李娜和王飞（2012）研究了我国1992—2005年产业结构的演变情况及其原因，研究结果表明，技术水平、出口、固定资产投资是推动产业结构升级的主要力量。

从产业结构影响因素的研究可以发现，现有文献主要关注金融发展对资本配置效率的影响以及技术因素、对外贸易因素、劳动力因素、资本市场因素、消费因素、体制性因素等非金融因素对产业结构的影响，鲜有将金融因素与非金融因素两者结合起来进行产业结构影响机制的实证分析。金融作为经济发展的助推器，会渗透在需求、供给、宏观政策等其他经济因素中，进而对产业结构产生影响。由于我国资本市场发展相对滞后，我国金融结构以银行等金融机构为主，微观企业融资结构以银行融资为主。中小企业作为资源配置的微观主体，其受到的金融排斥比较严重。那么，金融排斥作为影响银行等金融机构对中小企业放贷的直接因素，对产业结构的影响程度如何？鉴于此，与已有研究不同，本章以金融排斥作为金融因素的切入点，运用2010—2014年我国31个省、自治区、直辖市的面板数据，构建金融供给方评估排斥、金融供给方地理排斥、技术条件排斥、金融需求方条件排斥、金融需求方自我排斥与产业结构之间的关系模型，将金融因素与非金融因素结合起来，研究金融排斥对产业结构的影响机制，对于发挥金融对产业结构升级的积极作用，促进经济结构战略性调整，十分必要。

5.2 金融排斥的产业结构效应机理分析

随着我国经济发展，传统制造业和传统服务业均面临调整与升级，关键在于将经济增长方式由粗放型向高效率的集约型转化。何德旭和姚战琪（2008）、周叔莲和王伟光（2001）、韩颖和倪树茜（2011）、李娜和王飞（2012）的研究表明产业结构升级缓慢最主要的原因是科技创新能力较低，积极发展高新技术产业、增强产业核心竞争力，是我国产业结构优化的关键所在。由于技术进步是推动产业结构升级的主要动力，将技术进步和高新技术渗透到传统产业是优化产业结构的重要方式。作为我国三次产业中生产率较高的第二产业，与发达国家相比，我国工业增加值率较低，工业表现出大而不强的特点（何德旭和姚战琪，2008；王金照和王金石，2012）。因此，需要转变第二产业粗放型的增长方式，增加其技术含量。对第三产业而言，我国第三产业表现出发展滞后的特点（林民书和韩润娥，2005）。

具体到企业层面，第二产业中，中小型工业企业数量在规模以上工业企业数量上占有绝对优势（如表2-6所示），并且具有较高的劳动密集程度（黄阳华和罗仲伟，2014）。如图5-1所示，规模以上工业十大行业中小企业数量占比高达59.66%，其中，非金属矿物制品业中小企业数量在3万家以上，化学原料和化学制品制造业、农副食品加工业、通用设备制造业、电气机械和器材制造业、纺织业中小企业数量在2万家以上，橡胶和塑料制品业、专用设备制造业、纺织服装服饰业与金融制品业中小企业数量在1.5万家到2万家之间。❶ 由此可见，规模以上工业企业中，中小企业是劳动密集型、技术与资本有机构成相对较低的产业的主要载体。

---

❶ 数据来源：作者根据《中小企业年鉴》（2014）规模以上工业十大工业行业中小企业数量数据整理。

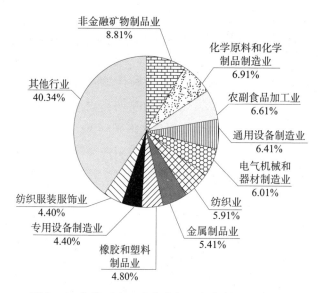

图 5 - 1　规模以上工业十大行业中小企业数量占比

资料来源：作者根据《中小企业年鉴》（2014）规模以上工业行业中小企业数量占比整理。

鉴于制造业是第二产业的重要组成部分❶，要发展现代制造业，资本积累与人均资本拥有量需要提高，企业资源禀赋结构也需要转型升级，第二产业企业需要由劳动密集型逐渐过渡为资本密集型和技术密集型。对劳动密集型中小企业而言，企业资源禀赋的转型升级意味着企业需要减少劳动投入、增加资本投入，换句话说，企业需要增加资金投入进行资本深化。由于第二产业企业以劳动密集型中小企业为主，其面临的风险类型与大型企业有显著差异，因此，第二产业企业面临较为严重的融资难、融资贵问题（罗仲伟和贺俊，2013）。

通过第 2 章分析可得，中小企业在第三产业企业数量上占有绝对优势（如表 2 - 3 所示）。第三产业十大行业法人单位中，私人控

---

❶ 数据来源：作者根据《中国统计年鉴》（2015）三次产业产值占比数据整理，截至 2014 年，制造业占第二产业的产值比重为 83.94%。

股企业在第三产业法人单位中占比最大，均值为 82.78%，远远高于国有控股企业、集体控股企业以及其他企业。通过分析私人控股企业在第三产业十大行业占比可得，如图 5－2 所示，私人控股企业在第三产业批发和零售行业占比最大，比重高达 54.20%，租赁和商务服务业次之，占比为 14.48%。而技术含量较高的科学研究和技术服务业、信息传输、软件和信息技术服务业占比较低，两者比重分别为 5.89% 与 4.16%。

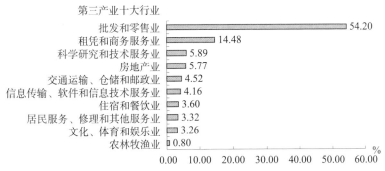

图 5－2　私人控股企业在第三产业十大行业占比

资料来源：作者根据《中国第三产业统计年鉴》（2014）企业法人单位数整理。

《中国企业年鉴》数据进一步证实了上述分析，如图 5－3 所示，个体工商户主要集中在第三产业，并且个体工商户数量超过六成集中在批发和零售业，截至 2013 年，新登记批发和零售业个体工商户为 559.11 万户，占新登记个体工商户总数的 66.09%。由此可见，第三产业企业具有明显的中小企业特点，并且技术含量较低。由于第三产业企业具有明显的中小企业特点，企业规模较小，缺乏固定资产和有形存货，银行出于利润与风险的考虑，使得第三产业企业难以从银行等金融机构获得融资（郭明等，2009）。要发展现代服务业，需要提高生产性服务业的效率、加快消费性服务业的发展，增加第三产业的技术含量与市场化程度。

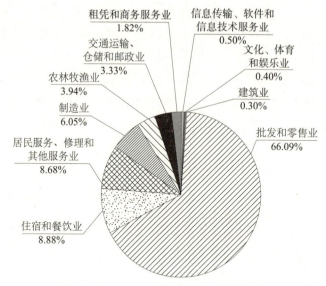

图 5 – 3　新登记个体工商户十大行业占比

资料来源：作者根据《中国企业年鉴》（2014）新登记个体工商户十大行业占比数据整理。

随着经济的发展，中小企业已经成为我国社会经济体系中数量多、吸纳就业强、推动经济增长的主要贡献者，不过，相对于大型企业，生产效率高的中小企业只获得了很小比例的贷款（尹志超等，2015）。中小企业作为资源配置和经济运行的微观主体，其发达程度对于现代制造业与现代服务业的发展具有至关重要的作用。然而，与大型企业相比，中小企业在融资方面存在诸多制约因素，面临较为严重的金融排斥（Rosen & Wu，2004；Collard 等，2001；夏维力和郭霖麟，2012）。有关中小企业金融排斥的研究表明，金融供给方排斥指标对金融排斥综合指数的影响占主导（夏维力和郭霖麟，2012），技术条件排斥的影响略高于金融需求方排斥指标（李建军和张丹俊，2015）。中小企业可能由于所在地区银行机构服务网点地理分布不均衡、银行等金融机构对企业资信评估较为严格等金融供给方排斥因素面临融资获取障碍；可能由于中小企业所在地区信息技术基础设施建设滞后导致中小企业与银行之间的信息沟通不畅通，难以从银行等金融机构获取金融服务；也可能由于中小企业考虑到自身财务条件以及融资需求特点，与正规金融机构融资手续复杂、时间成本高等因素不符，主动转向非正规金融体系融资。因此，金融供给方排斥、技术条件排斥以及金融需求方排斥三方面的共同作用，会降低中小企业的融资效率，不利于中小企业资源禀赋结构的转型升级以及产业结构的调整与升级。鉴于此，本章通过构建金融排斥指标与产业结构之间的关系模型，研究不同金融排斥指标对产业结构的影响，并通过引入金融排斥综合指数，揭示了金融排斥对产业结构的总效应。进一步地，通过引入金融排斥综合指数与科技创新变量的交乘项，明确金融排斥对产业结构升级的影响机制。

5.3 金融排斥的产业结构效应模型构建与变量说明

5.3.1 金融排斥的产业结构效应模型样本与数据

本章选取 2010—2014 年我国 31 个省、自治区、直辖市的面板数据作为样本，鉴于金融类行业与三次产业中其他行业不同的特点，为了提高结果的准确性，剔除样本中的金融类行业。金融排斥指标的数据来源详见第 3 章数据来源说明。如没有特殊说明，本章数据来自《中国统计年鉴》。为了消除极端值的影响，本章对金融排斥的产业结构效应模型的连续变量进行了上下 1% 的 winsorize 处理。

5.3.2 金融排斥的产业结构效应模型设定与指标定义

为了考察金融排斥指标对产业结构的影响，本章构建的基准模型如式（5-1）所示：

$$Y_{j,t} = \alpha_j + \beta_j \cdot EI_{j,t} \gamma_j \cdot Z_{j,t} + \theta_t + \varepsilon_{j,t} \qquad (5-1)$$

其中，$Y_{j,t}$ 表示 j 省份在第 t 年的产业结构变量；$EI_{j,t}$ 表示一组金融排斥指标集合；$Z_{j,t}$ 为一组控制变量的集合，包括技术创新水平、供给方就业水平、供给方资本水平、进出口总额、地方政府财政支出、对外投资水平以及需求方消费水平；θ_t 为年份固定效应；$\varepsilon_{j,t}$ 为误差项。模型中涉及的变量及计算方法如表 5-1 所示。

表 5-1　金融排斥的产业结构效应模型主要变量设定

变量类型	变量名称	变量代码	衡量指标
产业结构变量（Y）	第二、三产业产值占比	Ind23rt	（第二产业总值 + 第三产业总值 - 金融业总值）/各省生产总值
	第三产业与第二产业产值之比	IndSeni	（第三产业总值 - 金融业总值）/第二产业总值
金融排斥指标（EI）	评估排斥	EvaluativeE	银行承总汇票累计发生额/中小企业数量
	地理排斥分指标 1	AccessE	金融机构网点数/地区平方公里
	地理排斥分指标 2		金融机构网点数/中小企业数量
	地理排斥分指标 3		金融机构网点数/地区生产总值
	技术条件排斥	InformE	企业信息化应用指数❶
	需求方条件排斥	CondE	中小企业财务成本/中小企业负债
	需求方自我排斥	SelfE	非金融机构融资规模/金融机构贷款余额
控制变量（Z）	新产品销售收入	Newpro	In（新产品销售收入）
	供给方劳动力就业水平	Townemp	In（城镇单位就业人员数）
	固定资产投资总额（不含外资）	Fixassd	In（固定资产投资总额 - 外资）
	进出口总额	ExIm	In（进出口总额）
	地方财政财政支出	Fisexp	In（地方财政一般预算支出）
	外商直接投资总额	Forinv	In（外商投资总额）
	需求方消费水平	Expen	In（城镇居民平均每人全年消费性支出）
	年份	Year	年份虚拟变量

资料来源：作者整理。

---

❶ 数据来源：工信部信息化推进司区域"两化"融合水平评估企业调查数据。

式（5-1）中因变量为产业结构变量，本章采用传统的"三次产业"划分标准，选取第二、三产业产值占比（$Ind23rt$）以及第三产业与第二产业相对产值之比（$IndSeni$）作为产业结构的代理变量。核心变量包括金融供给方评估排斥（$EvaluativeE$）、金融供给方地理排斥（$AccessE$）、技术条件排斥（$InformE$）、金融需求方条件排斥（$CondE$）、金融需求方自我排斥（$SelfE$）五个指标。在控制变量中，我们采用了文献中通用的做法，选取了新产品销售收入（$Newpro$）、供给方劳动力就业水平（$Townemp$）、固定资产投资总额（$Fixassd$）、进出口总额（$ExIm$）、地方政府财政支出（$Fisexp$）、外商直接投资总额（$Forinv$）、需求方消费水平（$Expen$）七个指标。为了消除异方差，对这七个指标取自然对数。$Year$ 为年份虚拟变量。

5.3.3 金融排斥的产业结构效应实证结果与分析

1. 金融排斥的产业结构效应变量描述性统计

表5-2对金融排斥的产业结构效应模型变量进行了描述性统计❶。产业结构变量中第二、三产业产值占比均值为90%，第三产业与第二产业相对产值为0.95，表明第三产业产值略小于第二产业产值。金融排斥指标中，金融供给方地理排斥差异程度最大，变异系数为0.88；金融供给方评估排斥次之，变异系数为0.61；技术条件排斥地区差异程度略大于金融需求方排斥，其中，技术条件排斥均值为0.41，变异系数为0.31，金融需求方自我排斥与金融需求方条件排斥变异系数均为0.30。由此可见，金融排斥指标中，金融供给方排斥的地区差异程度较大，技术条件排斥的地区差异程度略大于金融需求方排斥。

---

❶ 篇幅所限，变量的相关性结果在此省略汇报，各解释变量的相关系数均低于共线性门槛值0.7（Lind 等，2007）。

表5-2　金融排斥的产业结构效应模型变量的描述性统计

变量	观测数	平均值	标准差	变异系数	最大值	最小值
产业结构变量						
Ind23rt	155	0.90	0.05	0.06	0.99	0.74
IndSeni	155	0.95	0.53	0.56	3.66	0.50
金融排斥指标						
EvaluativeE	155	0.90	0.55	0.61	2.52	0.09
AccessE	155	0.83	0.73	0.88	4.21	0.26
InformE	155	0.41	0.12	0.31	0.66	0.19
CondE	155	0.03	0.01	0.30	0.04	0.01
SelfE	155	0.18	0.06	0.30	0.38	0.09
控制变量						
Newpro	155	15.95	1.78	0.11	18.80	9.38
Townemp	155	5.94	0.89	0.15	7.59	3.10
Fixassd	155	9.06	0.89	0.10	10.62	6.13
ExIm	155	14.78	2.03	0.14	18.67	6.31
Fisexp	155	7.97	0.59	0.07	9.12	6.31
Forinv	155	6.00	1.51	0.25	8.88	1.61
Expen	155	9.64	0.26	0.03	10.47	9.17

资料来源：作者基于 Stata 软件估计。

2. 金融排斥的产业结构效应的实证结果分析

本章主要关注金融供给方评估排斥（EvaluativeE）、金融供给方地理排斥（AccessE）、技术条件排斥（InformE）、金融需求方条件排斥（CondE）与金融需求方自我排斥（SelfE）的回归系数及显著性。

表5-3与表5-4分别报告了因变量为第二、三产业产值占比 Ind23rt 与第三产业相对产值 IndSeni 的回归结果。其中，表5-3与表5-4模型（1）为仅包含金融排斥指标的回归结果。为检验表5-3与表5-4模型（1）的稳健性，本章在此基础上加入一些控制变量。表5-3与表5-4模型（2）至模型（8）在模型（1）的基础上依次添加了技术创新变量 Newpro、供给方劳动水平变量

Townemp、固定资产投资水平变量 *Fixassd*、对外进出口贸易变量 *ExIm*、地方政府财政支出变量 *Fisexp*、外商直接投资水平变量 *Forinv* 和需求方消费水平变量 *Expen*。从表 5 – 3 与表 5 – 4 模型（1）至模型（8）来看，随着控制变量的加入，金融排斥指标对产业结构升级的回归结果没有发生本质的变化，说明本文主要解释变量金融排斥指标的回归结果是稳健的。

从表 5 – 3 模型（1）至模型（8）来看，第二、三产业产值占比 *Ind23rt* 与金融供给方地理排斥、技术条件排斥显著正相关，与金融需求方自我排斥显著负相关。这一结果表明随着金融供给方地理排斥、技术条件排斥以及金融需求方自我排斥的减缓，第二、三产业产值占比得到提升。与此不同，第二、三产业产值占比 *Ind23rt* 与金融供给方评估排斥显著负相关，与需求方条件排斥显著正相关，说明供给方评估排斥与需求方条件排斥程度的增加没有对产业结构升级指标 *Ind23rt* 表现出负向影响，反而有促进效应。究其原因，金融供给方评估排斥与金融需求方条件排斥的增加意味着企业在融资渠道的选择上，侧重于从非正规融资渠道获取资金。据 CSMAR 数据库 2010—2014 年财务数据显示，对于中小企业而言，商业信用与民间融资是其重要的融资来源，两者之和占负债之比（44.72%）超过银行融资占比（39.45%）（如表 4 – 2 所示）。❶ 因此，企业从非正规渠道获取的资金在一定程度上弥补了企业的融资需求，在金融排斥指标上表现为金融供给方评估排斥与金融需求方条件排斥的增加促进了第二、三产业产值占比 *Ind23rt* 的提升。综上，第二、三产业产值占比受金融排斥的影响程度不同，金融供给方地理排斥、技术条件排斥、金融需求方自我排斥程度的减缓有助于推进产业结构指标 *Ind23rt* 的提升。而金融供给方评估排斥与金融需求方条件排斥的增加，在一定程度上通过非银行等金融机构弥补了企业融资需求，

---

❶ 数据来源：作者根据 CSMAR 数据库 2010—2014 年"中小企业板"上市公司财务数据整理。其中，银行融资 = 银行借款 + 应付票据；商业信用 = 应付账款 + 预收账款 + 长期应付款；民间融资 = 其他应付款 + 其他流动负债（王秀祥和张建方，2012）。

进而有利于第二、三产业产值占比的增加。

从表5－4模型（1）至模型（8）来看，金融排斥的减缓均有助于第三产业相对产值 *IndSeni* 的提高。具体而言，技术条件排斥与金融需求方条件排斥的效应不显著；金融供给方评估排斥、金融供给方地理排斥指标的系数均显著为正；金融需求方自我排斥指标的系数显著为负。这一结果表明，金融供给方评估排斥、金融供给方地理排斥与需求方自我排斥程度的减缓均有助于现代服务业的发展，对第三产业相对产值的提升效果显著。

表5－3控制变量均与第二、三产业产值占比显著正相关（如表5－3模型（8）所示）。具体而言，科技创新指标（新产品销售收入）系数在1%的水平显著，表明科技创新有利于促进第二、三产业产值的提升，进一步说明了技术进步是促进产业结构升级的主要动力。供给方就业水平、外商直接投资水平的系数在5%的水平显著，表明劳动力就业与外商直接投资的增加有助于产业结构指标 *Ind23rt* 的提升，这一结果与Zhang（2010），姚树洁等（2006），王美今和沈绿珠（2011）的研究结论一致。供给方资本水平、进出口总额、政府财政支出，以及需求方消费水平的系数在10%的水平显著。对第三产业相对产值而言，非金融因素中，仅进出口总额与需求方消费水平的系数显著为正（如表5－4模型（8）所示）。据统计，我国城镇居民人均消费性支出中生存型消费占比逐年减小，截止到2014年，我国城镇居民人均生存型消费（食品和衣着）占消费总额比重为38.20%❶，由此可见，发展型消费占比已经超过生存型消费，达到50%以上。❷ 这意味着人们要求消费更多的服务产品，因此，消费结构的升级有助于第三产业相对产值的提升。就进出口

---

❶ 数据来源：作者根据《中国统计年鉴》（2015）"分地区城镇居民人均现金消费支出"数据整理。

❷ 按照满足居民生活消费的层次，消费结构可以分为生存型消费与发展型消费。本文根据《中国统计年鉴》对居民八大项消费性支出统计数据，将食品和衣着合并为生存型消费，将居住、家庭设备用品及服务、医疗保健、交通通信、教育文化、其他商品和服务六项归为发展型消费。

总额而言，我国进出口总额逐年增加，与 2010 年相比，2014 年进出口总额增加了 44.64%。❶ 通过进出口引进国外先进技术，增加了新兴产业资源的可得性，进而促进第三产业相对产值的提升。

综上，不同金融排斥指标排斥程度的减缓均有助于第三产业相对产值的提升，而不同金融排斥指标对第二、三产业产值占比的影响不一致。其中，金融供给方地理排斥、技术条件排斥与金融需求方自我排斥的减缓有助于第二、三产业产值占比的提升，而金融供给方评估排斥与金融需求方条件排斥的增加有助于第二、三产业产值占比的提升。非金融因素中，需求方消费性支出与进出口的增加均有助于推进产业结构升级，此外，新产品销售收入、供给方劳动就业水平、固定资产投资总额、政府财政支出以及外商直接投资水平的增加对第二、三产业产值占比的提升作用显著。

3. 进一步分析

（1）引入金融排斥综合指数。出于稳健性考虑，本章采用金融排斥综合指数（FEI）❷ 从整体上把握金融排斥与产业结构的关系，金融排斥综合指数的具体测度过程见李建军和张丹俊（2015）。引入金融排斥综合指数的回归结果如表 5 - 5 模型（1）与模型（2）所示。从表 5 - 5 模型（1）与模型（2）来看，金融排斥综合指数与产业结构指标 Ind23rt、IndSeni 均表现为显著负相关，说明总体上金融排斥程度的减缓有利于现代制造业和现代服务业的发展，促进产业结构升级。具体到金融排斥指标表现为金融供给方地理排斥、技术条件排斥与金融需求方自我排斥程度的减弱对第二、三产业产值占比的提升效果大于金融供给方评估排斥与金融需求方条件排斥程度减弱的负向效应。就第三产业相对产值而言，金融排斥减缓的正向效应主要源于金融供给方评估排斥、金融供给方地理排斥与金融

---

❶　数据来源：作者根据《中国统计年鉴》（2011—2015）"各地区外商投资企业货物进出口总额"数据整理。

❷　根据李建军和张丹俊（2015）对金融排斥综合指数的测度方法，金融排斥综合指数数值越大，表明金融排斥程度越大。

表5-3 因变量为第二、三产业值占比的回归结果

	模型变量	(1)	(2)	(3)	(4)	(5)	(6)	(7)	(8)
EI	EvaluativeE	-0.003*	-0.001*	-0.001*	-0.001*	-0.001*	-0.001*	-0.001*	-0.001*
		(-1.03)	(-1.27)	(-1.37)	(-1.09)	(-1.04)	(-1.42)	(-1.44)	(-1.43)
	AccessE	0.004*	0.001*	0.001*	0.003*	0.003*	0.003*	0.004*	0.003*
		(1.48)	(1.06)	(1.29)	(1.08)	(1.00)	(1.10)	(1.20)	(1.03)
	InformE	0.0002**	0.0002**	0.0002**	0.0001**	0.0002**	0.0002**	0.0001**	0.0001**
		(2.41)	(2.58)	(2.46)	(2.34)	(2.36)	(2.42)	(2.26)	(2.25)
	CondE	0.10*	0.21*	0.13*	0.15*	0.17*	0.21*	0.20*	0.21*
		(1.44)	(1.94)	(1.60)	(1.69)	(1.79)	(1.06)	(1.96)	(1.98)
	SelfE	-0.001*	-0.003*	-0.004*	-0.01*	-0.01*	-0.01*	-0.01*	-0.01*
		(-1.60)	(-1.31)	(-1.33)	(-1.76)	(-0.95)	(-1.77)	(-1.88)	(-1.81)
Z	Neupro		0.01***	0.01***	0.01***	0.01***	0.01***	0.01***	0.01***
			(3.19)	(2.82)	(3.27)	(3.38)	(3.23)	(3.25)	(3.30)
	Tounemp			0.02**	0.02**	0.02***	0.02**	0.02**	0.02**
				(2.06)	(2.57)	(2.69)	(2.08)	(2.27)	(2.09)
	Fixassd				0.02***	0.02*	0.01*	0.01*	0.01*
					(3.74)	(3.08)	(1.78)	(1.79)	(1.84)

续表

模型变量		(1)	(2)	(3)	(4)	(5)	(6)	(7)	(8)
Z	Exlm					0.001*	0.001*	0.001*	0.001*
						(1.08)	(1.92)	(1.93)	(1.92)
	Fisexp						0.03**	0.03*	0.03*
							(1.71)	(1.68)	(1.73)
	Forinv							0.003*	0.002**
								(2.52)	(2.42)
	Expen								0.01*
									(1.64)
C(常数项)		0.88***	0.80***	0.72***	0.49***	0.49***	0.36***	0.35***	0.44**
		(119.20)	(28.18)	(14.90)	(6.49)	(6.42)	(3.44)	(3.40)	(2.53)
时间固定效应		控制	控制	控制	控制	控制	控制	控制	控制
Hausman检验		固定效应	固定效应	固定效应	固定效应	固定效应	固定效应	固定效应	固定效应
R-sq		30.00%	33.90%	36.30%	43.40%	44.00%	45.70%	45.80%	46.00%
省份数		31	31	31	31	31	31	31	31
样本量		155	154	154	154	154	154	154	154

注:括号内的值是 t 统计量;*表示在 10%的显著性水平;**表示在 5%的显著性水平;***表示在 1%的显著性水平。

资料来源:作者基于 Stata 软件估计。

121

表 5 - 4　因变量为第三产业相对产值的回归结果

模型变量		(1)	(2)	(3)	(4)	(5)	(6)	(7)	(8)
EI	EvaluativeE	0.09***	0.07***	0.07***	0.06**	0.07***	0.08***	0.08***	0.08***
		(3.40)	(2.70)	(2.73)	(2.61)	(2.83)	(3.63)	(3.67)	(3.78)
	AccessE	0.05*	0.13***	0.13***	0.09***	0.09***	0.08***	0.09***	0.08***
		(1.75)	(3.81)	(3.69)	(2.94)	(2.83)	(2.70)	(3.18)	(2.86)
	InformE	0.0001	0.0001	0.0001	0.0002	0.0002	0.0003	0.0004	0.0005
		(0.05)	(0.16)	(0.11)	(0.16)	(0.21)	(0.37)	(0.42)	(0.55)
	CondE	-0.06	-1.15	-0.85	-1.03	-0.45	-1.17	-1.38	-1.14
		(-0.03)	(-0.49)	(-0.36)	(-0.47)	(-0.21)	(-0.58)	(-0.70)	(-0.58)
	SelfE	-0.28**	-0.06*	-0.05*	-0.01	-0.05*	-0.09*	-0.10*	-0.04*
		(-2.29)	(-1.42)	(-1.42)	(-1.11)	(-1.40)	(-1.76)	(-1.93)	(-1.76)
	Newpro		0.03	0.04	0.03	0.04	0.05	0.04	0.03
			(1.00)	(1.11)	(0.82)	(1.17)	(1.53)	(1.22)	(1.09)
Z	Tounemp			0.06	0.11	0.08	0.03	0.004	0.01
				(0.76)	(1.40)	(1.06)	(0.48)	(0.05)	(0.19)
	Fixassd				-0.33***	-0.39***	-0.27***	-0.29***	-0.29***
					(-5.16)	(-5.98)	(-3.72)	(-4.02)	(-4.15)

续表

模型变量		(1)	(2)	(3)	(4)	(5)	(6)	(7)	(8)
Z	$Exlm$					0.04***	0.04***	0.04***	0.04***
						(2.82)	(3.20)	(3.30)	(3.44)
	$Fisexp$						-0.49***	-0.51***	-0.45***
							(-3.39)	(-3.60)	(-3.15)
	$Forinv$							-0.11**	-0.10**
								(-2.39)	(-2.12)
	$Expen$								0.32**
									(2.17)
	C(常数项)	0.88***	0.53*	0.85*	4.06***	3.92***	6.25***	3.05*	3.53**
		(11.48)	(1.76)	(1.63)	(5.21)	(5.18)	(6.26)	(1.86)	(2.17)
时间固定效应		控制	控制	控制	控制	控制	控制	控制	控制
Hausman 检验		固定效应	固定效应	固定效应	固定效应	固定效应	固定效应	固定效应	固定效应
$R-sq$		53.20%	57.70%	57.90%	66.00%	68.30%	71.40%	72.80%	73.90%
省份数		31	31	31	31	31	31	31	31
样本量		155	154	154	154	154	154	154	154

注:括号内的值是 t 统计量;*表示在 10%的显著性水平;**表示在 5%的显著性水平;***表示在 1%的显著性水平。

资料来源:作者基于 Stata 软件估计。

需求方自我排斥。

此外，考虑到技术创新是推进产业结构优化的主要动力，并且金融因素会渗透在需求、供给、宏观政策等非金融因素中，进而对产业结构产生影响，本章引入金融排斥综合指数 *FEI* 与新产品销售收入 *Newpro* 的交叉项 *FEI_ Newpro*，考察金融排斥对科技创新水平的影响，进而明确金融排斥对产业结构的影响机制，具体结果如表5－5模型（3）与模型（4）所示。如表5－5模型（3）所示，金融排斥综合指数与科技创新指标（新产品销售收入）的交叉项系数在10%的水平上显著为负（－0.003*），新产品销售收入的系数显著为正（0.01***），两者符号相反，表明金融排斥程度的增加对科技创新水平有负向的影响，最终不利于第二、三产业产值占比的提升。如表5－5模型（4）所示，交叉项系数不显著，这与新产品销售收入对第三产业相对产值的影响作用较小有关。从控制变量来看，通过构建金融排斥综合指数以及金融排斥综合指数与新产品销售收入的交叉项，对产业结构的回归结果与表5－3、表5－4主检验的结果基本一致 [表5－5模型（1）、模型（3）对应表5－3模型（8）；表5－5模型（2）、模型（4）对应表5－4模型（8）]。这一方面加深了金融排斥对产业结构影响机制的理解；另一方面说明本章的结论是稳健的。

表5－5　金融排斥综合指数与产业结构的关系

模型变量		(1)	(2)	(3)	(4)
		Ind23rt	*IndSeni*	*Ind23rt*	*IndSeni*
EI	*FEI*	－0.02**	－0.75***	－0.02**	－0.72***
		（－2.29）	（－4.20）	（－1.08）	（－3.98）
	FEI_ Newpro			－0.003*	0.08
				（－1.40）	（1.24）
Z	*Newpro*	0.01***	0.04	0.01***	0.04
		（2.99）	（1.13）	（2.21）	（1.16）
	Townemp	0.02**	0.01	0.02**	0.02
		（2.24）	（0.18）	（2.15）	（0.13）

模型变量		（1）	（2）	（3）	（4）
		Ind23rt	IndSeni	Ind23rt	IndSeni
Z	Fixassd	0.01 *	−0.36 ***	0.01 *	−0.37 ***
		(1.75)	(−5.01)	(1.77)	(−5.12)
	ExIm	0.001 *	0.05 ***	0.001 *	0.05 ***
		(1.32)	(3.72)	(1.81)	(3.90)
	Fisexp	0.02 *	−0.37 **	0.02 *	−0.34 **
		(1.60)	(−2.62)	(1.51)	(−2.38)
	Forinv	0.002 **	−0.10 **	0.002 **	−0.11 **
		(2.46)	(−2.25)	(2.37)	(−2.32)
	Expen	0.01 *	0.26 *	0.01 *	0.29 *
		(1.85)	(1.78)	(1.87)	(1.96)
	C （常数项）	0.51 ***	4.99 ***	0.51 ***	4.91 ***
		(3.05)	(3.13)	(3.03)	(3.08)
时间固定效应		控制	控制	控制	控制
Hausman 检验		固定效应	固定效应	固定效应	固定效应
R−sq		44.40%	71.70%	44.49%	72.10%
省份数		31	31	31	31
样本量		154	154	154	154

注：括号内的值是 t 统计量；*表示在 10% 的显著性水平；**表示在 5% 的显著性水平；***表示在 1% 的显著性水平。

资料来源：作者基于 Stata 软件估计。

（2）为了加强对本章主检验回归结果［如表 5 − 6 模型（3）与模型（4）所示］的理解，本章将产业结构变量分解为第二产业与第三产业产值占比，分别进行回归。分别用 Ind2rt、Ind3rt 表示第二产业与第三产业产值占比。如表 5 − 6 模型（1）至模型（3）所示，金融供给方地理排斥与金融需求方自我排斥的减缓对第二、三产业产值占比的提升作用主要源于对第三产业的作用，表明金融机构地理分布密度的提升以及中小企业自我排斥程度的减缓对现代服务业的推动作用较大;技术条件排斥的减缓对第二产业产值占比与第三产业产值占比的提升作用均显著,因此,总体上表现为对产业结构指标Ind23rt的提升作用显著。对第三产业相对产值而言〔如表5-6模型(4)所示〕,金融供给方评估排斥、金融供给方地理排斥,金融需求方自我排斥的减缓对第三产业相对产值的提升作用显著,与表5-6模型(1)与模型(2)的结论一致,随着金融机构评估排斥的减缓、金融机构地理可及性的提升以及中小企业自我排斥程度的减缓,第三产业相对产值的提升效果显著。

从表5-6模型(1)至模型(4)的控制变量来看,技术创新对第二、三产业产值占比的提升作用显著,原因在于技术创新既有利于第二产业产值占比的提升,也能促进第三产业产值占比的提升,表明技术创新对现代制造业与现代服务业发展均有显著推动作用。金融供给方资本水平、地方政府财政支出、对外直接投资水平的增加对第二、三产业产值占比的提升主要源于第二产业,表明固定资产投资额、地方政府财政支持、外商投资水平的增加对现代制造业发展的促进作用明显,而对现代服务业的提升效果有限。进出口水平、需求方消费性支出的提升对第三产业相对产值的提升作用显著。

表5-6　金融排斥指标与产业结构分指标的关系

模型变量		(1)	(2)	(3)	(4)
		$Ind23rt$	$IndSeni$	$Ind23rt$	$IndSeni$
EI	EvaluativeE	-0.02 ***	0.01 ***	-0.001 *	0.08 ***
		(-2.83)	(2.68)	(-1.43)	(3.78)
	AccessE	-0.005 *	0.008 *	0.003 *	0.08 ***
		(-1.74)	(1.25)	(1.03)	(2.86)
	InformE	0.0001 *	0.0001 *	0.0001 **	0.0005
		(1.34)	(1.67)	(2.25)	(0.55)
	CondE	0.35 *	-0.27	0.21 *	-1.14
		(1.74)	(-0.63)	(1.98)	(-0.58)
	SelfE	0.009 *	-0.01 *	-0.01 *	-0.04 *
		(1.32)	(-1.75)	(-1.81)	(-1.76)

模型变量		(1)	(2)	(3)	(4)
		Ind23rt	*IndSeni*	*Ind23rt*	*IndSeni*
Z	*Newpro*	0.007**	0.007*	0.01***	0.03
		(2.15)	(1.30)	(3.30)	(1.09)
	Townemp	−0.01	0.03*	0.02**	0.01
		(−0.49)	(1.68)	(2.09)	(0.19)
	Fixassd	0.04**	−0.02*	0.01*	−0.29***
		(2.16)	(−1.43)	(1.84)	(−4.15)
	ExIm	−0.01***	0.01***	0.001*	0.04***
		(−3.51)	(4.35)	(1.92)	(3.44)
	Fisexp	0.12***	−0.09***	0.03*	−0.45***
		(3.46)	(−3.10)	(1.73)	(−3.15)
	Forinv	0.03***	−0.03***	0.002**	−0.10**
		(2.71)	(−3.11)	(2.42)	(−2.12)
	Expen	0.003	0.01*	0.01*	0.32**
		(0.34)	(1.09)	(1.64)	(2.17)
	C（常数项）	−0.83**	1.29***	0.44**	3.53**
		(−2.08)	(3.66)	(2.53)	(2.17)
时间固定效应		控制	控制	控制	控制
Hausman 检验		固定效应	固定效应	固定效应	固定效应
R-sq		65.40%	75.60%	46.00%	73.90%
省份数		31	31	31	31
样本量		154	154	154	154

注：括号内的值是 t 统计量；*表示在 10% 的显著性水平；**表示在 5% 的显著性水平；***表示在 1% 的显著性水平。

资料来源：作者基于 Stata 软件估计。

4. 稳健性检验

为了保证研究的可靠性，除了上文所采取的构建金融排斥综合指数、引入金融排斥综合指数与技术创新变量的交叉项、引入第二产业与第三产业产值占比指标对回归结果进行检验外，本章还进行了如下稳健性检验：

（1）改变缩尾程度。考虑不同极端值处理程度可能对结果造成影响，本章将主要连续变量由上下1%的 winsorize 处理，调整为上下2%与3%，调整后实证结果如表5-7模型（1）至模型（4）所示。其中，表5-7模型（1）与模型（3）表示将连续变量进行上下2%的 winsorize 处理，因变量分别用 $Ind23rt_{w2}$、$IndSeni_{w2}$ 表示，表5-7模型（2）与模型（4）表示将连续变量进行上下3%的 winsorize 处理，因变量分别用 $Ind23rt_{w3}$、$IndSeni_{w3}$ 表示，改变缩尾程度之后的回归结果与主检验的结果（如表5-3、表5-4所示）基本一致，说明本章主检验的回归结果是稳健的。

（2）变量替代。为了保证技术条件排斥指标的稳健性，本文采用工信部信息化推进司《中国信息化发展水平评估报告》（2010—2014）"信息化发展指数"替代技术条件排斥指标，重新进行回归，得到的结果如表5-7模型（5）与模型（6）所示。其中，"信息化发展指数"用 $InformE_2$ 表示，用"信息化发展指数"替代原技术条件排斥指标（企业信息化应用指数）之后的回归结果与主检验的结果没有发生实质性的改变，说明本章采用的技术条件排斥指标是稳健的。

表5-7 改变缩尾程度与进行变量替代的稳健性检验结果

模型变量		(1) $Ind23rt_{w2}$	(2) $Ind23rt_{w3}$	(3) $IndSeni_{w2}$	(4) $IndSeni_{w3}$	(5) $Ind23rt$	(6) $IndSeni$
EI	EvaluativeE	-0.003 *	-0.005 *	0.08 ***	0.09 ***	-0.001 *	0.09 ***
		(-1.23)	(-1.82)	(3.52)	(3.30)	(-1.30)	(3.91)
	AccessE	0.01 *	0.01 *	0.09 ***	0.08 ***	0.003 *	0.09 ***
		(1.73)	(1.67)	(2.46)	(2.35)	(1.08)	(2.91)
	InformE	0.0001 **	0.0001 **	0.0002	0.0004		
		(2.92)	(2.05)	(0.17)	(0.59)		
	CondE	0.22 *	0.23 *	-0.60	-0.30	0.22 *	-1.09
		(1.08)	(1.11)	(-0.30)	(-0.14)	(1.04)	(-0.56)
	SelfE	-0.01 *	-0.01 *	-0.15 *	-0.21 *	-0.01 *	-0.04 *
		(-1.44)	(-1.56)	(-1.12)	(-1.15)	(-1.84)	(-1.31)

模型变量		(1) $Ind23rt_{w2}$	(2) $Ind23rt_{w3}$	(3) $IndSeni_{w2}$	(4) $IndSeni_{w3}$	(5) $Ind23rt$	(6) $IndSeni$
EI	$InformE_2$					0.0003 *	0.001
						(1.14)	(0.35)
Z	$Newpro$	0.01 **	0.01 *	0.04	0.03	0.01 ***	0.04
		(2.36)	(1.94)	(1.14)	(0.86)	(3.07)	(1.13)
	$Townemp$	0.02 ***	0.03 ***	0.02	0.04	0.02 **	0.02
		(2.99)	(3.51)	(0.23)	(0.42)	(1.99)	(0.26)
	$Fixassd$	0.01 *	0.01 *	-0.22 ***	-0.12 **	0.01 *	-0.29 ***
		(1.03)	(1.92)	(-3.09)	(-1.69)	(1.68)	(-4.03)
	$ExIm$	0.002 *	0.002 *	0.04 ***	0.04 ***	0.001 *	0.04 ***
		(1.29)	(1.34)	(3.39)	(2.88)	(2.00)	(3.38)
	$Fisexp$	0.04 ***	0.03 ***	-0.48 ***	-0.35 ***	0.03 **	-0.46 ***
		(2.96)	(2.68)	(-3.38)	(-2.76)	(2.00)	(-3.12)
	$Forinv$	0.001 *	0.001 *	-0.11 **	-0.12 **	0.002 **	-0.09 **
		(1.21)	(1.18)	(-2.40)	(-2.19)	(2.31)	(-2.02)
	$Expen$	0.01 *	0.01 *	0.14 **	0.24 **	0.01 *	0.31 **
		(1.23)	(1.16)	(2.929)	(2.38)	(1.46)	(2.08)
C（常数项）		0.37 **	0.33 **	4.81 ***	6.54 ***	0.39 **	3.65 **
		(2.28)	(2.06)	(2.90)	(3.76)	(2.13)	(2.17)
时间固定效应		控制	控制	控制	控制	控制	控制
$Hausman$ 检验		固定效应	固定效应	固定效应	固定效应	固定效应	固定效应
$R-sq$		44.20%	43.70%	71.10%	62.80%	45.90%	73.90%
省份数		31	31	31	31	31	31
样本量		154	154	154	154	154	154

注：括号内的值是 t 统计量；*表示在 10% 的显著性水平；**表示在 5% 的显著性水平；***表示在 1% 的显著性水平。

资料来源：作者基于 Stata 软件估计。

5.4　本章小结

5.4.1　研究结论

本章基于第二产业与第三产业企业的实际情况，即规模以上工业企业中，中小企业是劳动密集型、技术与资本有机构成相对较低的产业的主要载体，第三产业企业集中于批发与零售业，具有明显的中小企业特点，技术含量较低，以金融排斥为切入点，提出缓解金融排斥、优化产业结构的必要性。本章实证分析了不同金融排斥指标对第二、第三产业产值占比与第三产业相对产值的作用效应，并引入金融排斥综合指数和金融排斥综合指数与科技创新变量的交项，对金融排斥的产业结构影响机制作进一步分析，得出以下几点结论。

首先，实证分析金融排斥对产业结构的作用效应，结果表明金融供给方评估排斥、金融供给方地理排斥以及金融需求方自我排斥的减缓对第三产业相对产值的提升作用显著；技术条件排斥与金融需求方条件排斥对第三产业相对产值的作用不显著。对第二、第三产业产值占比而言，不同金融排斥指标的作用效应方向不同，其中，金融供给方地理排斥、技术条件排斥以及金融需求方自我排斥的减缓有助于增加第二、三产业产值占比；而金融供给方评估排斥与金融需求方条件排斥程度的减缓对第二、三产业产值占比的提升效果有限，这意味着企业从非正规渠道获取的资金在一定程度上弥补了企业的融资需求。

其次，为了从总体上把握金融排斥指标对产业结构变量的作用效应，本章引入了金融排斥综合指数进行实证分析，研究结果显示，金融排斥程度的减缓总体上有助于促进中小企业的融资效率，推动现代制造业与现代服务业的发展。具体表现为金融供给方地理排斥、技术条件排斥与金融需求方自我排斥程度的减弱对第二、三产业产值占比的提升效果大于金融供给方评估排斥与金融需求方条件排斥程度减弱的负向效应。就第三产业相对产值而言，金融排斥减缓的正向效应主要源于金融供给方评估排斥、金融供给方地理排斥与金融需求方自我排斥。

再次，考虑到技术创新是推进产业结构优化的主要动力，并且金融因素会渗透在需求、供给、宏观政策等非金融因素中，进而对产业结构产生影响，本章引入金融排斥综合指数与技术创新变量的交叉项进行实证分析，结果表明金融排斥程度的增加会阻碍科技创新水平的提升，最终减慢产业结构优化进程。

最后，分析非金融因素对产业结构的影响，结果表明非金融因素的增加均有助于推进第二、三产业产值占比的提升；需求方消费性支出与进出口水平的增加对第三产业相对产值的提升作用显著。由此可见，从金融排斥视角提出优化产业结构的政策路径十分必要。

5.4.2 政策启示

基于本章实证研究结果，对于优化产业结构有如下政策启示：

第一，金融供给方地理排斥、技术条件排斥、金融需求方自我排斥程度的增加会不同程度地阻碍产业结构优化进程，其中，金融供给方地理排斥与金融需求方自我排斥程度的增加对第三产业相对产值提升的阻碍作用尤为显著，技术条件排斥程度的增加对第二产业与第三产业产值占比均有明显的阻碍作用。缓解地理排斥，可以从加强金融机构建设的角度出发，为中小企业建立一批中小金融机构，与大型金融机构相比，中小金融机构与地方中小企业联系更为紧密，可以有效降低金融机构尽职调研成本以及金融机构与中小企业之间的信息不对称性，从而提高第三产业技术含量，推进现代服务业的发展。缓解技术条件排斥，需要推进信息化云平台基础设施建设，完善企业与银行之间的信息沟通机制，提高中小企业融资效率，推进中小企业的资源禀赋结构升级与第三产业的发展。对于金融需求方自我排斥，需要将中小企业金融知识的普及、金融机构体系建设以及信息化基础设施建设结合起来，共同改善中小企业自我排斥，优化产业结构。

第二，金融供给方评估排斥、金融需求方条件排斥的减缓对第二、三产业产值占比的提升效果有限。这在一定程度上肯定了非银行等金融机构对产业结构优化的积极作用。因此，在加快金融机构体系建设、加强银行与中小企业联系与信息沟通机制的同时，应规范并适度鼓励非银行金融机构等直接融资渠道的发展，创新金融产品，有效发挥非金融机构对中小企业的融资效应，加快产业结构优化进程。

第三，在金融排斥产业结构效应模型的解释变量中引入金融排斥综合指数与新产品销售收入的交叉项，结果表明金融排斥程度的增加会阻碍企业科技创新水平的提升，最终减慢产业结构优化进程。由于科技创新对第二、三产业产值占比的提升作用显著，因此，推进产业结构优化，需要提升企业的科技创新能力，将金融排斥减缓与企业技术进步的提升相结合，共同推进产业结构调整与升级。

综上，要推进产业结构高级化，一方面，需要从减缓金融排斥入手，将中小金融机构建设、信息化云平台建设与中小企业金融知识普及相结合，增强中小企业与银行之间可持续的合作关系，提升企业科技创新能力，推进产业结构调整与升级。另一方面，规范并适度鼓励非正规融资渠道的发展，在控制直接融资风险的基础上，拓宽中小企业的融资渠道，发挥非银行等金融机构对产业结构优化的积极作用。最后，建议鼓励需求方消费性支出，促进对外贸易发展，与缓解金融排斥、鼓励非银行的发展相互配合，共同推进现代制造业与现代服务业的发展，加快产业结构升级进程。

第6章 金融排斥的经济增长
地区结构效应分析

改革开放以来，我国经济保持高速增长。据《中国统计年鉴》数据显示，1978 年以来，我国 20 世纪 80 年代实际 GDP 的平均增长率为 9.77%，20 世纪 90 年代实际 GDP 的平均增长率为 10.01%，21 世纪前 10 年的实际 GDP 平均增长率高达 10.30%。[1] 尽管在个别年份经济增长率出现了波动，总体上，我国经济总量保持较快的增速，维持在 10% 左右。近年来，我国实际 GDP 的增长率出现下降的趋势，从 2010 年至 2014 年，我国实际 GDP 增长率由 10.63% 降为 7.27%，为改革开放以来最低水平。随着全球经济形势的波动，我国经济步入新常态，经济发展更加强调经济的可持续增长以及经济结构的调整。区域发展不平衡对我国经济增长的可持续性提出了挑战。近年来，我国区域经济的发展问题不断凸显，尤其是 20 世纪 90 年代以来，我国地区差距持续扩大（刘夏明等，2004；李善同等，2004；王小鲁和樊纲，2004）。王修华等（2009）研究表明我国金融资源的地区分布不均，金融资源分布的省域差异表现为中西部地区金融排斥程度比较严重。《中国统计年鉴》数据支持以上研究，采用实际人均 GDP 作为经济增长的代理变量，以 2009 年为基期，2010—2014 年我国东中西部三个地区实际人均 GDP 的统计结果如图 6-1 所示。从图 6-1 中可以明显看出，首先，东部地区实际人均 GDP 显著高于中西部地区，中部地区实际人均 GDP 略高于西部地区；其

---

[1] 此处，我国实际 GDP 的增长率以 1978 年为基期进行计算。

次，东部与中部地区实际人均 GDP 之间的差距在逐年扩大，2010—2014 年东部地区与中部地区实际人均 GDP 之差分别为 23547.98 元、24624.96 元、25856.99 元、27538.33 元、29198.07 元。由此可得，尽管我国地区经济保持逐年增长，但区域差异问题在加剧，东部地区与中西部地区级差较大，中部地区与西部地区级差较小。十六届中央委员会第三次全体会议通过了《中共中央关于完善社会主义市场经济体制的若干问题的决定》，提出按照"统筹城乡发展、统筹区域发展、统筹经济社会发展、统筹人与自然和谐发展、统筹国内发展和对外开放"的要求，推进改革与发展。在"五个统筹"中，统筹区域发展是我国区域经济发展不平衡的现实要求，对我国区域发展乃至整个经济的可持续增长有重要的战略意义。

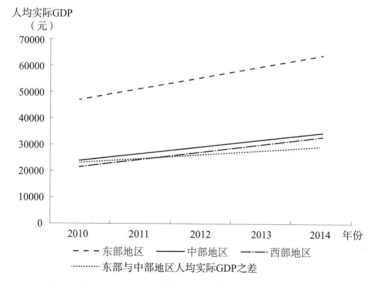

图 6-1　2010—2014 年东中西部地区实际人均 GDP❶

资料来源：作者整理。

由于中小企业受到的金融排斥存在显著的地区差异，微观上，造成企业财务结构的稳健性在一定程度表现出地区差异；宏观上，

---

❶ 此处，我国 2010—2014 年东中西部地区实际人均 GDP 以 2009 年为基期进行计算。

金融排斥通过影响现代制造业与现代服务业的发展，影响产业结构的调整与升级。产业结构升级是经济增长的重要推动力（周少甫等，2013），那么金融排斥最终是否会对经济增长造成影响？已有研究表明，由于我国金融机构空间分布不均衡，企业信贷资金配置存在明显的区域失衡问题，那么金融排斥的地区差异是否在经济增长的地区结构上有所体现？如何缓解金融排斥，保持地区经济的可持续增长？这是本章研究的主要问题。

6.1 经济增长的地区结构影响机理与决定因素研究文献评述

关于经济增长的地区结构影响机理与决定因素，国内外学者进行了大量的理论和实证研究，主要从金融视角与非金融视角两个层面进行研究。金融视角的研究主要基于金融发展理论与金融资源理论❶，围绕区域金融发展与经济增长之间的关系展开。周立和王子明（2002）将人均 GDP 增长指数作为被解释变量，金融相关比率和金融市场化比率作为金融发展的代理变量，从我国三大区域层面研究了我国金融发展对经济增长的影响，结果表明金融发展与经济增长显著正相关，金融发展有助于长期经济增长。艾洪德等（2004）以实际人均 GDP 增长率作为经济增长的指标，金融相关比率和金融市场化比率作为金融发展的指标，通过对我国区域金融发展与经济增长的关系进行研究，得出的结论与周立和王子明（2002）不同，其结果表明在金融发展与经济增长之间的关系上，东部地区与中西部地区表现出显著的区域差异，金融发展与经济增长之间的正向关系仅在东部地区表现显著，而中西部地区二者表现为相互抑制的关系，

---

❶ 金融资源理论由我国经济学家白钦先（1999）教授提出。金融资源理论将金融视为一种资源，将传统的"金融机构观""金融功能观"纳入研究框架，是对金融发展理论的继承与创新。

进而得出过度开放的金融竞争和市场化改革不利于欠发达地区的经济增长的结论。王景武（2005）利用误差修正模型和格兰杰因果检验对我国区域金融发展与经济增长的关系进行了实证分析，结果与艾洪德等（2004）的研究一致，金融发展与经济增长的关系在区域层面存在显著的差异，认为我国金融区域差异根源在于制度变迁。上述研究主要基于传统的金融发展理论，而基于金融资源理论角度的研究出现得比较晚。根据崔满红（1999）对金融资源的划分，金融资源包括货币资源、资本资源、制度资源与商品资源四个层次，❶金融视角的研究范围得到了扩展。区域金融资源主要包括各地区金融机构存贷款、股票、债券等证券市场筹资额、银行等金融机构、从业人员在各地区的分布、固定资产投资、实际利用投资额等。陶君道和高新才（2007）、中国人民银行银川中心支行课题组（2007）、王纪全等（2007）对金融资源地区分布与区域经济增长的关系进行了研究，结果表明金融资源地区分布的差异对区域经济发展不平衡的影响较大，金融资源分布不均衡是导致区域经济增长差异的一个重要原因。姜旭朝和张晓燕（2008）以山东省为研究对象，将同为发达省份的浙江、广东、江苏作为参照，通过线性回归方法对金融资源与经济发展、产业结构的关系进行了比较分析，结果表明丰富的金融资源有助于促进宏观经济的发展与产业结构的升级。

　　非金融视角的研究包括资本因素、地理因素、经济政策、产业结构、基础设施以及市场化程度。因为这里对非金融视角的考虑中

---

❶　根据崔满红（1999）对金融资源的划分，货币资源是基础性的金融资源，对其他的金融资源起着基础性、决定性的作用，以3种形式存在：（1）充当商品交换的媒介，执行货币的基本职能；（2）作为贮藏手段存在；（3）通过经济主体将货币资源投资于社会经济的各领域，转化为资本资源。资本资源是对货币资源进行开发而转化形成的可再生性的金融资源，通过与人力资源等其他资源的结合，发挥创新价值的功能，具有周转、增值的特点。制度资源，包括金融机构、金融法规、金融政策、金融体系、金融市场等制度性因素。商品资源是在货币资源转化为资本资源过程中产生的"产品"，包括股票、债券等基础金融工具，期货、期权等衍生金融产品，以及本票、汇票、信用证等支付手段。由此可得，金融资源理论对"金融"的定义属于广义金融。

的"金融"属于狭义金融，金融资源理论对金融资源的定义属于广义金融，因此，这里非金融视角的研究因素——资本因素中的物质资本与人力资本、经济政策等因素与金融资源理论中对资本资源、制度资源的定义有重叠的部分。大多数学者认为资本积累是造成地区经济增长差异的重要原因（Chow & Lin，2002；姚先国和张海峰，2008；万广华等，2005）。傅晓霞和吴利学（2006）通过研究我国1978—2004 年的省际面板数据，得出要素积累是造成我国地区经济增长差异的主要原因。许召元和李善同（2004）通过考察2000 年之后地区差距的发展变化与影响因素，得出固定资产投资率以及地区教育水平均是影响地区经济增长的重要因素。蔡昉和都阳（2002）、Wang & Yao（2003）的实证研究均表明人力资本上的差异是造成地区差距的主要原因。而姚先国和张海峰（2008）认为教育不是地区差异的原因，而资本积累是造成地区收入差距的主要原因。对外直接投资作为资本、知识和技术的载体，通过引进先进技术影响地区的资本积累、推动技术创新，从而对地区经济发展产生影响（Démurger，2001；魏后凯，1992；Lee，1995）。地理因素方面，Baumol（1986）研究了地理因素对区域经济增长的影响，研究表明沿海地区资本回报率与工资率均高于内陆地区，吸引对外直接投资的水平较强，通过引入先进技术可以积累更多的资本，使得沿海地区的经济增长快于内陆地区，加剧区域经济发展差异。Démurger（2001）、Fleisher & Chen（1997）认为我国改革开放以来地区收入差距的影响因素有两大类：地理因素与政府的经济政策。Démurger（2001）认为"重工业优先"的经济政策导致了京津沪与其他地区之间的经济增长差距。董先安（2004）运用弹性分析与条件收敛方法检验了1952—2002 年我国地区经济增长的影响因素，研究结果表明产业结构对地区经济增长有显著影响，其中，第一产业比重与地区经济增长呈负相关，而第三产业比重则对经济增长表现出显著的正向影响。基础设施方面，许召元和李善同（2006）、Démurger（2001）研究表明基础设施对区域经济增长差距的影响较为显著。基础设施较强的地区可以通过技术与资本流入，增强这些地区与外界的沟通，有利于经济效率的提高与经济增长扩散效应的发挥（Fujita & Hu，2001）。市场化程度方面，林毅夫和刘明兴（2003）、Chen & Feng（2000）的研究均显示，市场化程度的提高有助于促进区域经济增长。

从经济增长地区结构影响因素的研究可以发现，现有文献主要从金融发展与经济增长的关系，以及从资本因素、地理因素、经济政策、产业结构、基础设施、市场化程度等非金融因素对经济增长地区结构的影响入手进行研究，鲜有将金融因素与非金融因素结合起来对区域经济增长的影响机制与决定因素进行研究。金融作为经济发展的助推器，会渗透在需求、供给、宏观政策等其他经济因素中，进而对经济增长的地区结构产生影响。从金融视角的研究来看，区域金融发展与经济增长的关系没有得到一致的结论，艾洪德等（2004）、王景武（2005）的研究表明：金融发展对经济增长的影响在区域层面存在显著的区域差异；基于金融资源理论的研究结果表明金融资源的地区分布差异对区域经济发展不平衡的影响较大。这些前期研究为本文从金融排斥视角研究其对经济增长的地区结构效应提供了研究基础。我国金融结构为间接金融占主导地位，因此，中小企业在获得金融服务方面存在从正规金融机构融资难、从非正规金融机构融资贵的现状，面临较为严重的金融排斥。那么，中小企业作为推动经济增长的主要力量以及资源配置的微观主体，其受到的金融排斥是否会影响经济增长的地区结构？鉴于此，与已有研究不同，本章以金融排斥作为金融因素的切入点，运用2010—2014年我国 31 个省、自治区、直辖市的面板数据，构建金融供给方评估排斥、金融供给方地理排斥、技术条件排斥、金融需求方条件排斥、金融需求方自我排斥与经济增长的地区结构之间的关系模型，将金融因素与非金融因素结合起来，研究金融排斥对经济增长的地区结构的影响机制，为统筹区域发展提出对策建议，具有重要的理论与现实意义。

6.2 金融排斥的经济增长的地区结构效应机理分析

有关金融排斥的研究表明，我国金融排斥程度的地区差异与金融资源的地理分布关系密切，我国金融资源分布的省域差异表现为中西部地区金融排斥程度比较严重。有关金融排斥的研究多围绕居民、农户等微观个体展开，对金融排斥效应的分析多以定性分析为主，主要表现为社会群体贫富分化与区域经济发展不均衡。中小企业由于银行结构、公司体制以及企业自身规模等原因不能高效、安全、公平地获得金融服务，面临融资难的困境。本文第3章对金融排斥影响因素的分析可得，金融排斥指标中，供给方排斥对金融排斥的影响程度占主导，其中地理排斥的影响程度最大，由此可见，我国商业银行经营战略调整对金融排斥的影响程度较大，商业银行网点及其分支机构对一些地理位置比较偏远、业务量比较小的机构进行了撤并，造成了金融机构空间分布不均衡。如图6-2所示，随着我国各省（直辖市、自治区）金融排斥程度的增加，实际人均GDP有降低的趋势，表明金融排斥程度较重的省（直辖市、自治区）经济增长水平较低，而金融排斥程度较轻的省（直辖市、自治区）经济增长水平较高。因此，有必要减缓金融排斥程度，缩小经济增长的地区差异。图6-3绘制了我国2010—2014年东中西部三大区域省（直辖市、自治区）金融排斥程度与经济增长的关系，图6-3横坐标分布按照东中西部三大区域省（直辖市、自治区）金融排斥程度升序排列。具体而言，如图6-3所示，就东部地区与中部地区而言，东部地区省（直辖市、自治区）金融排斥程度较中部地区低，而经济增长水平较高；西部地区与东中部地区相比，尽管经济增长水平较低，但其金融排斥程度较轻。这一结论与第3章结论一致，即我国存在一些金融排斥程度与经济发展程度不相符的省区，由于金融服务需求方自我排斥的地域特点显著，缓解总体金融排斥需将金融需求方自我排斥作为突破口。因此，缩小经济增长的地区差异，还需从金融排斥入手，以金融服务需求方自我排斥为切入点分区域采取不同的措施。

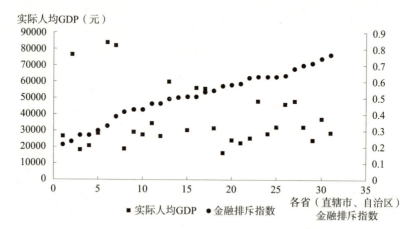

图 6-2　2010—2014 年各省（直辖市、自治区）金融排斥指数与实际人均 GDP

注：横坐标按照各省（直辖市、自治区）金融排斥指数升序排列。

资料来源：作者整理。

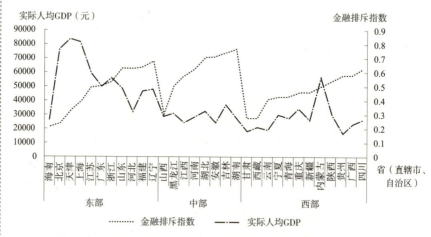

图 6-3　2010—2014 年三大区域金融排斥指数与实际人均 GDP

注：横坐标分布按照东中西部三大区域金融排斥指数升序排列。

资料来源：作者整理。

基于上一节对经济增长的地区结构研究的梳理可知，金融资源的地区分布差异对区域经济发展不平衡的影响较大。此外，从微观层面而言，由于我国金融机构空间分布不均衡，企业信贷资金配置存在明显的区域失衡问题（Dow & da Costa Werlang，1992）。由于中小企业受到的金融排斥存在显著的地区差异，由于融资水平的地区差异，造成企业财务结构的稳健性在一定程度表现出地区差异。第4章分析了金融排斥与企业财务结构的关系，研究结果表明金融供给方地理排斥对企业债务比率表现出显著的地区差异，具体表现为地理排斥对中西部地区企业债务水平的阻碍作用显著。进一步地，地理排斥减缓对中西部地区中小企业债务水平的提升作用主要源自非银行融资，而对中西部地区银行融资的提升效果有限。由此可见，由于我国金融排斥存在显著地区差异，其对企业自身融资渠道的影响不同，从而导致企业的融资效率存在一定程度的地区差异。从宏观层面而言，中小企业作为资源配置和经济运行的微观主体，其发达程度对于产业结构的调整与升级具有至关重要的作用。因此，中小企业受到的金融排斥会通过影响企业获取资金的效率进而影响产业结构的优化与升级。已有研究表明，资本回报率与工资率的地区差异，会导致不同地区吸引对外投资的水平不同，从而加剧地区经济发展差异（Baumol，1986；Démurger，2001；Fleisher & Chen，1997）。产业结构是经济增长的内在要求和重要推动力（周少甫等，2013），由于不同地区中小企业面临的金融排斥存在显著的地区差异，研究其受到的金融排斥对经济增长地区结构的影响具有明显的现实意义。

综上，中小企业在金融供给方排斥、技术条件排斥以及金融需求方排斥三方面的共同作用下，从微观层面看，在企业融资效率上体现出一定的地区差异；从宏观层面看，由于不同产业资本回报率与工资率存在地区差异，会加剧经济增长的地区差异。现有研究中小企业金融服务区域差异的文献主要集中在企业信贷资金的配置与中小企业融资难的影响因素方面，而对金融排斥对经济发展的区域差异定量研究较少。鉴于金融排斥往往会导致"金融沙漠"，即区域经济发展失衡问题，提出本章研究金融排斥对经济增长地区结构效应的研究意义。本章以第 3 章各省金融排斥指标构建与结果测度为研究基础，构建金融排斥与经济增长地区结构之间的关系模型，研究金融排斥对经济增长地区结构的影响。为理解金融排斥在区域经济发展不平衡方面的影响，制定差别化政策提供了数据支持。

6.3 金融排斥的经济增长的地区结构效应模型构建与变量说明

6.3.1 金融排斥的经济增长的地区结构效应模型样本与数据

本章选取 2010—2014 年我国 31 个省、自治区、直辖市的面板数据作为样本。金融排斥指标数据来源详见第 3 章对数据来源的说明，如没有特殊说明，本章数据来自《中国统计年鉴》。为了消除极端值的影响，本章对金融排斥的经济增长的地区结构效应模型的连续变量进行了上下 1% 的 winsorize 处理。

6.3.2 金融排斥的经济增长的地区结构效应模型设定与指标定义

为了考察金融排斥指标对经济增长的地区结构的影响，本章构建的基准模型如式（6-1）所示：

$$G_{j,t} = \alpha_j + \beta_j \cdot EI_{j,t} + \gamma_j \cdot \theta_t + \varepsilon_{j,t} \qquad (6-1)$$

如式（6-1）所示，$G_{j,t}$ 表示 j 省份在第 t 年的地区经济增长变量；$EI_{j,t}$ 表示一组金融排斥指标的集合；$S_{j,t}$ 为一组控制变量的集合，包括物质资本、产业结构、基础设施、市场化程度、对外开放程度、人力资本和经济政策；θ_t 为年份固定效应；$\varepsilon_{j,t}$ 为误差项。模型中涉及的变量及衡量指标如表 6-1 所示。

表6-1　金融排斥的经济增长的地区结构效应模型变量设定

变量类型	变量名称	变量代码	衡量指标
地区经济增长变量（G）	平均实际工资❶	*AveReaWage*	ln（各省平均实际工资）
金融排斥指标（EI）	评估排斥	*EvaluativeE*	银行承兑汇票累计发生额/中小企业数量
	地理排斥分指标1	*AccessE*	金融机构网点数/各省平方公里
	地理排斥分指标2		金融机构网点数/中小企业数量
	地理排斥分指标3		金融机构网点数/各省生产总值
	技术条件排斥	*InformE*	企业信息化应用指数❷
	需求方条件排斥	*CondE*	中小企业财务成本/中小企业负债
	需求方自我排斥	*SelfE*	非金融机构融资规模/金融机构贷款余额
控制变量（S）	物质资本	*Fixass*	固定资产投资总额/各省生产总值
	第一产业产值占比	*Ind1*	第一产业总值/各省生产总值
	第二产业产值占比❸	*Ind2*	第二产业总值/各省生产总值
	第三产业产值占比❹	*Ind3*	（第三产业总值－金融业总值）/各省生产总值

❶　平均实际工资以2009年为基期计算取得。

❷　数据来源：作者根据工信部信息化推进司区域"两化"融合水平评估企业调查数据整理。

❸　第二产业包括采矿业，制造业，电力、燃气及水的生产和供应业，建筑业四类行业。

❹　第三产业包括交通运输、仓储和邮政业，信息传输、计算机服务和软件业，批发和零售业，住宿和餐饮业，金融业，房地产业，租赁和商务服务业，科学研究、技术服务和地质勘查业，水利、环境和公共设施管理业，居民服务和其他服务业，教育，卫生、社会保障和社会福利业，文化、体育和娱乐业，公共管理和社会组织等行业。鉴于金融类行业的制度规定与第三产业中其他行业不同的特点，为了提高结果的准确性，剔除第三产业中的金融类行业。

变量类型	变量名称	变量代码	衡量指标
金融排斥指标（*EI*）	基础设施分指标1（公路密度）	*Density*	单位平方公里公路总里程数
	基础设施分指标2（铁路密度）		单位平方公里铁路总里程数
	市场化程度	*NonstatEmploy*	非国有城镇就业人数/城镇就业人数
	对外开放程度	*Forinv*	外商投资总额/各省生产总值
	人力资本	*HumCapital*	各省人口平均受教育年数❶
	经济政策	*Fisexp*	ln（地方财政一般预算支出）
	年份	*Year*	年份虚拟变量

资料来源：作者整理。

式（6-1）中因变量为地区经济增长变量，本章采用各省平均实际工资（*AveReaWage*）作为地区经济增长的代理变量。核心变量包括金融供给方评估排斥（*EvaluativeE*）、金融供给方地理排斥（*AccessE*）、技术条件排斥（*InformE*）、金融需求方条件排斥（*CondE*）、金融需求方自我排斥（*SelfE*）五个指标。在控制变量中，我们采用了文献中通用的做法，选取了物质资本（*Fixass*）、产业结构（包括第一产业产值占比 *Ind*1、第二产业产值占比 *Ind*2、第三产业产值占比 *Ind*3 三个变量）、基础设施（*Density*）、市场化程度（*NonstatEm-*

---

❶ 人力资本用各省人口平均受教育年数作为代理变量，考虑到我国的实际情况，本章对6岁及6岁以上不同程度的受教育人口数的受教育年数做权重进行加权平均。人力资本的计算公式为：

人力资本 =（小学程度人口数×6＋初中程度人口数×9＋高中程度人口数×12＋大专及以上人口数×18）/6岁及6岁以上人口数

其中，对于各地区大专及以上人口的受教育程度的详细分类（包括各地区大专程度、大学本科程度、研究生程度的人口数）无法获得，《中国统计年鉴》可以得到大专及以上受教育的人口数。因此，此处我们通过计算这三类人口受教育年数的平均值取得大专及以上人口的受教育年数，大专为15年，本科为16年，研究生中硕士19年，博士22年，平均值为18年。

ploy）、对外开放程度（*Forinv*）、人力资本（*HumCapital*）、经济政策（*Fisexp*）七类指标。为了消除异方差，对各省平均实际工资与地方财政一般预算支出取自然对数。*Year* 为年份虚拟变量。

6.3.3 金融排斥的经济增长的地区结构效应实证结果与分析

1. 金融排斥的经济增长的地区结构效应模型变量描述性统计

表 6 - 2 对金融排斥的经济增长的地区结构效应模型变量进行了描述性统计❶。各省平均实际工资取自然对数后的均值为 10.59，变异系数为 0.02。金融排斥指标中，金融供给方排斥指标地区差异较大，其中地理排斥地区差异程度最大，变异系数为 0.88，金融供给方评估排斥次之，该指标的变异系数为 0.61；金融需求方自我排斥与金融需求方条件排斥地区差异程度较小，金融需求方自我排斥指标与金融需求方条件排斥指标变异系数均为 0.30；技术条件排斥指标地区差异程度略大于金融需求方排斥指标，变异系数为 0.31。由此可见，金融排斥指标中，金融供给方排斥程度的地区差异较大，金融需求方排斥程度的地区差异较小，技术条件排斥指标的地区差异程度介于金融供给方排斥与金融需求方排斥指标之间。

表 6 - 2　金融排斥的经济增长的地区结构效应模型变量的描述性统计

变量	观测数	平均值	标准差	变异系数	最大值	最小值
地区经济增长变量						
AveReaWage	155	10.59	0.23	0.02	11.36	10.22
金融排斥指标						
EvaluativeE	155	0.90	0.55	0.61	2.52	0.09
AccessE	155	0.83	0.73	0.88	4.21	0.26
InformE	155	0.41	0.12	0.31	0.66	0.19

❶ 篇幅所限，变量的相关性结果在此省略汇报，各解释变量的相关系数均低于共线性门槛值 0.7（Lind 等，2007）。

续表

变量	观测数	平均值	标准差	变异系数	最大值	最小值
CondE	155	0.03	0.01	0.30	0.04	0.01
SelfE	155	0.18	0.06	0.30	0.38	0.09
控制变量						
Fixass	155	0.71	0.20	0.29	1.16	0.22
Ind1	155	0.11	0.05	0.50	0.26	0.00
Ind2	155	0.48	0.08	0.17	0.58	0.22
Ind3	155	0.42	0.09	0.22	0.77	0.30
Density	155	0.62	0.35	0.57	1.46	0.04
NonstatEmploy	155	0.86	0.29	0.34	1.71	0.43
Forinv	155	0.04	0.04	0.95	0.21	0.01
HumCapital	155	9.10	1.18	0.13	12.62	4.42
Fisexp	155	7.97	0.59	0.07	9.04	6.32

资料来源：作者整理。

2. 金融排斥的经济增长的地区结构效应实证结果分析

（1）金融排斥与各省经济增长的关系

本章主要关注金融供给方评估排斥（*EvaluativeE*）、金融供给方地理排斥（*AccessE*）、技术条件排斥（*InformE*）、金融需求方条件排斥（*CondE*）与金融需求方自我排斥（*SelfE*）的回归系数及显著性。本章首先对金融排斥对经济增长的地区结构的总体效应进行了分析，具体的回归结果如表6-3所示。

如表6-3所示，模型（1）报告了仅包含金融排斥指标的回归结果。为了检验表6-3模型（1）的稳健性，本章在此基础上加入一些控制变量。表6-3模型（2）至模型（8）在模型（1）的基础上依次添加了物质资本变量*Fixass*、产业结构变量*Ind1*、*Ind2*、*Ind3*、基础设施变量*Density*、市场化程度变量*NonstatEmploy*、对外开放程度变量*Forinv*、人力资本变量*HumCapital*和经济政策变量*Fisexp*。如表6-3模型（1）至模型（8）所示，随着控制变量的加入，金融排斥指标对经济增长地区结构效应的回归结果没有发生本质的变化，说明表6-3

主要解释变量金融排斥指标的回归结果是稳健的。

如表 6-3 模型（1）至模型（8）所示，平均实际工资 *AveRea-Wage* 与金融供给方评估排斥、技术条件排斥显著正相关，与金融供给方地理排斥、金融需求方自我排斥显著负相关。这一结果表明随着金融供给方评估排斥、技术条件排斥以及金融需求方自我排斥程度的降低，各省平均实际工资得到提升；而随着金融供给方地理排斥程度的减缓，并没有促进各省平均实际工资的增加。究其原因，可能与金融供给方地理排斥地区差异较大有关，对于经济较为发达的地区，中小企业对金融服务的需求比较旺盛，随着银行等金融机构的增加，对这些地区经济增长的效果显著；相反，对于一些欠发达地区，由于金融机构数量较少，中小企业从正规金融渠道获取金融服务的概率较低，这些地区中小企业对金融机构的依赖性较低，因此，金融机构数量的增加可能对这些地区经济增长的效果不显著。

从表 6-3 控制变量来看，平均实际工资水平与产业结构中第二产业产值占比和第三产业产值占比、市场化水平、人力资本以及经济政策显著正相关。具体而言，随着第二产业、第三产业产值的提升，各省平均实际工资水平显著增加，这一结论与董先安（2004）的研究结论一致，均认为第三产业产值占比的提升有助于推动地区经济增长，除此之外，本章的研究结论还表明，第二产业产值占比的提升也可以显著促进平均实际工资水平的提升。一方面，第二产业、第三产业产值占比的提升表明产业结构的调整与升级有助于现代制造业与现代服务业的发展，另一方面表明企业的资源禀赋结构以及第三产业的技术水平与市场化程度的增加有助于推动地区经济增长，因此第二产业、第三产业产值占比的提升有助于促进各省经济增长。对于市场化变量，表 6-3 结果表明市场化程度的加深有助于促进地区经济增长，这与林毅夫和刘明兴（2003）、Chen & Feng（2000）的研究结论一致，表明随着市场化程度的加深，非国有经济参与度的提升，对地区经济增长发挥的作用越大。对人力资本而言，表 6-3 结果表明人口受教育程度的增加有助于各省平均实际工资的提高，

表6-3 金融排斥与各省(直辖市、自治区)经济增长的关系

模型变量		(1)	(2)	(3)	(4)	(5)	(6)	(7)	(8)
EI	EvaluativeE	0.004*	0.005*	0.003*	0.003*	0.003*	0.003*	0.0004*	0.005*
		(1.32)	(1.42)	(1.26)	(1.22)	(1.25)	(1.25)	(1.03)	(1.43)
	AccessE	-0.02*	-0.02*	-0.02*	-0.02*	-0.03**	-0.03**	-0.03**	-0.03**
		(-1.95)	(-1.77)	(-1.63)	(-1.63)	(-2.12)	(-2.10)	(-2.34)	(-2.36)
	InformE	0.001*	0.001*	0.001*	0.001*	0.001*	0.001*	0.001*	0.001*
		(1.69)	(1.71)	(1.72)	(1.70)	(1.53)	(1.52)	(1.03)	(1.52)
	CondE	-0.16	-0.18	-0.11	-0.09	-0.50	-0.50	-0.03	-0.28
		(-0.15)	(-0.17)	(-0.10)	(-0.09)	(-0.48)	(-0.47)	(-0.03)	(-0.27)
	SelfE	-0.16***	-0.17***	-0.17***	-0.17***	-0.16***	-0.16***	-0.18**	-0.18**
		(-2.97)	(-3.08)	(-3.12)	(-3.01)	(-2.84)	(-2.74)	(-2.34)	(-2.37)
S	Fixass		0.04	0.05	0.05	0.04	0.04	0.03	0.01
			(0.88)	(1.09)	(1.12)	(0.89)	(0.87)	(0.68)	(0.25)
	Ind1			-0.25	-0.24	-0.15	-0.15	-0.15	-0.11
				(-1.06)	(-1.02)	(-0.63)	(-0.62)	(-0.68)	(-0.48)
	Ind2			0.82*	0.83*	0.75*	0.75*	0.35*	0.57*
				(1.67)	(1.68)	(1.56)	(1.55)	(1.73)	(1.16)
	Ind3			0.85*	0.85*	0.77*	0.77*	0.35*	0.41*
				(1.60)	(1.59)	(1.47)	(1.45)	(1.65)	(1.79)

续表

模型变量		(1)	(2)	(3)	(4)	(5)	(6)	(7)	(8)
S	Density				0.04	0.10	0.09	0.02	0.06
					(0.26)	(0.57)	(0.56)	(0.13)	(0.37)
	NonstatEmploy					0.06**	0.06**	0.06**	0.06**
						(2.52)	(2.47)	(2.45)	(2.30)
	Forinv						0.02	0.13	0.06
							(0.04)	(0.24)	(0.11)
	HumCapital							0.04***	0.04***
								(2.98)	(3.33)
	Fisexp								0.16**
									(2.24)
	C（常数项）	10.44***	10.41***	11.17***	11.15***	11.00***	11.00***	10.40***	9.24***
		(176.20)	(152.50)	(24.47)	(23.84)	(23.88)	(23.63)	(21.13)	(13.08)
时间固定效应		控制	控制	控制	控制	控制	控制	控制	控制
Hausman 检验		固定效应	固定效应	固定效应	固定效应	固定效应	固定效应	固定效应	固定效应
R-sq		94.80%	94.80%	94.90%	95.20%	95.20%	95.20%	95.60%	95.80%
省份数		31	31	31	31	31	31	31	31
样本量		155	155	155	155	155	155	155	155

注：括号内的值是 t 统计量；* 表示在 10% 的显著性水平；** 表示在 5% 的显著性水平；*** 表示在 1% 的显著性水平。

资料来源：作者基于 Stata 软件估计。

人力资本与地区经济增长显著正相关，这一结果与蔡昉和都阳（2000）、Wang & Yao（2003）的研究一致。对经济政策而言，政府财政支出与地区经济增长显著正相关，表明随着政府对地区支持力度的增加，有助于各省平均实际工资水平的提升。

（2）金融排斥与三大区域经济增长的关系

由金融排斥的经济增长的地区结构效应模型变量描述性统计结果可得（如表6-2所示），金融排斥指标中，金融供给方排斥的地区差异较大，其中地理排斥的地区差异最大，金融需求方排斥与技术条件排斥的地区差异次之。鉴于金融排斥与全省经济增长在区域分布上有不同的特点（如图6-2与图6-3所示），本部分通过引入地区虚拟变量，以西部地区为对照组，加入东部地区与中部地区两个虚拟变量，研究金融排斥与三大区域经济增长的关系。虚拟变量设置如下：

$$east = \begin{cases} 1, 1 \le j \le 11 \\ 0, others \end{cases} ; central = \begin{cases} 1, 12 \le J \le 19 \\ 0, othes \end{cases}$$

其中，j 代表省（直辖市、自治区），$east$ 代表东部地区，$central$ 代表中部地区。● 将东部地区与中部地区两个虚拟变量分别与金融排斥的经济增长的地区结构效应模型中的各变量作交乘项，得出加入地区虚拟变量之后的模型：

$$G_{j,t} = \alpha_j + \beta_{j0} \cdot EI_{j,t} + \gamma_{j,0} \cdot S_{j,t} + \beta_{j1} \cdot EI_{j,t\_}east + \gamma_{j1} \cdot S_{j,t\_}east +$$
$$\beta_{j2} \cdot EI_{j,t\_}central + \gamma_{j2} \cdot S_{j,t\_}central + \theta_t + \varepsilon_{j,t} \qquad (6-2)$$

其中，$EI_{j,t\_}east$、$E_{j,t\_}central$ 分别代表金融排斥指标与东部地区、中部地区虚拟变量作交乘项后的变量，$S_{j,t\_}east$、$S_{j,t\_}central$ 分别代表影响经济增长地区结构的控制变量与东部地区、中部地区虚

● 对于三大区域的划分，本部分采用1986年七五计划对我国经济带的划分标准，东部地区包括北京、天津、上海、江苏、浙江、山东、广东、河北、辽宁、福建、海南11个省（直辖市、自治区），对应j取1至11的省（直辖市、自治区）；中部地区包括山西、河南、江西、安徽、吉林、黑龙江、湖南、湖北8个省（直辖市、自治区），对应j取12至19的省（直辖市、自治区）；西部地区包括内蒙古、广西、重庆、四川、贵州、云南、西藏、陕西、甘肃、青海、宁夏、新疆12个省，对应j取20至31的省（直辖市、自治区）。

拟变量作交乘项后的变量。回归结果如表6-4所示。

如表6-4所示，模型（1）为仅包含三大区域金融排斥的回归结果，模型（2）是在模型（1）的基础上加入控制变量的回归结果。从表6-4模型（2）来看，随着控制变量的加入，金融排斥指标对三大区域经济增长的回归结果没有发生本质的变化，说明表6-4中主要解释变量——金融排斥指标对三大区域经济增长的回归结果是稳健的。

为了进一步明确三大区域金融排斥对经济增长的影响，表6-5在表6-4的基础上整理出了金融排斥的经济增长地区结构效应模型中各变量与东中西部三大区域分别对应的系数，具体结果如表6-5所示，表6-5括号内的值对应表6-4中的t统计量。

如表6-5所示，模型（1）与模型（2）分别对应表6-4模型（1）与模型（2）。表6-5模型（2）在模型（1）的基础上加入了三大区域控制变量。从金融排斥指标来看，表6-5模型（2）与模型（1）没有发生本质的变化，我们主要对表6-5模型（2）进行分析。如表6-5模型（2）所示，三大区域中，东部地区与中部地区各变量的系数符号总体上保持一致。具体而言，金融排斥指标中，金融供给方评估排斥程度的降低对西部地区平均工资的增长效应较为显著，而东部地区与中部地区评估排斥指标系数显著为负。这一结果表明，金融供给方评估排斥程度的减缓对地区经济增长的促进效应主要源自西部地区，究其原因，与东部与中部地区中小企业相比，西部地区中小企业资本回报率较低，银行等金融机构考虑到利润和风险的因素后，对西部地区的评估更为严格，因此，随着银行等金融机构对中小企业的评估程序合理化，西部地区中小企业获取银行承兑汇票的概率增加，于是评估排斥程度的减弱对西部地区经济增长效应显著，而对东部地区与中部地区经济增长的促进效应有限。对金融供给方地理排斥而言，与西部地区相比，东部地区与中部地区金融机构分布密度的增加有助于这两个地区经济增长水平的提高。第4章对金融排斥的财务结构效应分地区分析可得，金融供

表6-4 金融排斥与三大区域经济增长的关系

	模型变量	(1)	(2)	模型变量	(1)	(2)	模型变量	(1)	(2)
EI	EvaluativeE	0.06*** (3.16)	0.03** (2.88)	EvaluativeE_east	-0.07*** (-3.18)	-0.04** (-2.06)	EvaluativeE_central	-0.10*** (-3.63)	-0.03** (-2.59)
	AccessE	-0.02* (-1.98)	-0.02** (-1.99)	AccessE_east	0.11** (2.26)	0.04** (2.56)	AccessE_central	0.07* (1.75)	0.06* (1.24)
	InformE	0.001* (1.88)	0.003** (2.10)	InformE_east	-0.0002 (-0.18)	-0.002* (-1.65)	InformE_central	0.001* (1.06)	0.001* (1.67)
	CondE	0.08 (0.06)	0.02 (0.83)	CondE_east	-3.98* (-1.24)	-4.40* (-1.56)	CondE_central	3.75* (1.60)	4.21* (1.67)
	SelfE	-0.11*** (-3.26)	-0.13** (-2.29)	SelfE_east	0.09 (0.54)	0.12 (0.63)	SelfE_central	0.05 (0.48)	0.09 (0.69)
	Fixass		0.08 (1.01)	Fixass_east		0.15 (0.96)	Fixass_central		-0.31** (-2.03)
S	Ind1		-0.21 (-0.66)	Ind1_east		0.45 (1.00)	Ind1_central		-0.49 (-0.69)
	Ind2		-0.75 (-0.83)	Ind2_east		1.54** (2.30)	Ind2_central		0.78* (-1.30)
	Ind3		-0.18 (-0.22)	Ind3_east		0.88* (1.56)	Ind3_central		0.49* (1.73)

续表

S

模型变量	(1)	(2)
Density		-0.06
		(-0.17)
NonstatEmploy		-0.01
		(-0.26)
Forinv		0.11
		(0.06)
HumCapital		0.06***
		(3.07)
Fisexp		0.15*
		(1.75)
C(常数项)	10.37***	9.21***
	(157.20)	(9.58)
时间固定效应	控制	控制
Hausman检验	固定效应	固定效应
R-sq	96.10%	97.90%
省份数	31	31
样本量	155	155

模型变量	(1)	(2)
Density_east		0.72
		(1.48)
NonstatEmploy_east		0.04*
		(1.72)
Forinv_east		1.84
		(0.83)
HumCapita_east		-0.11***
		(-3.37)
Fisexp_east		0.16*
		(1.88)
C(常数项)	10.37***	9.21***
	(157.20)	(9.58)
时间固定效应	控制	控制
Hausman检验	固定效应	固定效应
R-sq	96.10%	97.90%
省份数	31	31
样本量	155	155

模型变量	(1)	(2)
Density_central		-0.12
		(-0.25)
NonstatEmploy_central		0.13*
		(1.91)
Forinv_central		6.28*
		(1.28)
HumCapital_central		-0.08*
		(-1.70)
Fisexp_central		0.16*
		(1.71)
C(常数项)	10.37***	9.21***
	(157.20)	(9.58)
时间固定效应	控制	控制
Hausman检验	固定效应	固定效应
R-sq	96.10%	97.90%
省份数	31	31
样本量	155	155

注：括号内的值是 t 统计量；*表示在10%的显著性水平；**表示在5%的显著性水平；***表示在1%的显著性水平。

资料来源：作者基于 Stata 软件估计。

给方地理排斥的减缓有助于东部与中部地区中小企业长期债务水平与商业信用可得性的提高；第5章对金融排斥的产业结构效应分析可得，金融机构地理分布密度的提升有助于现代制造业与现代服务业的提升。因此，金融供给方地理排斥指标与地区经济增长呈负相关，金融机构分布密度的提升通过促进东中部地区中小企业长期融资水平和商业信用可得性的提升，以及推进产业结构的调整与升级，对这两个地区经济增长有正向效应。技术条件排斥指标与东中西部三大区域经济增长均呈显著正相关，最终表现为技术条件排斥程度的减缓对地区经济增长有显著促进作用。对于金融需求方排斥而言，金融需求方条件排斥指标与东部地区经济增长呈显著负相关，而与中西部地区经济增长表现为正向关系，这一结果表明东部地区经济增长随金融需求方排斥程度的减缓而增加，而中西部地区经济增长与中小企业融资成本下降的关系不大。原因可能在于中西部地区中小企业融资来源主要为非银行融资与内源融资，因此，这两个地区中小企业金融机构融资成本的降低对企业融资效率的提升效果有限，从而作用于地区经济的作用有限，而东部地区中小企业与中西部地区相比，资本回报率与工资率相对较高，从金融机构获取融资相对中西部地区容易，因此受中小企业融资成本的影响较大，中小企业条件排斥对经济增长的地区结构效应的作用主要来源为东部地区中小企业条件排斥的作用。对金融需求方自我排斥而言，东中西部三大区域中小企业自我排斥程度的减弱均有助于地区经济增长的提升，对西部地区经济增长的效应尤为显著。原因主要在于西部地区中小企业与银行等金融机构联系不紧密，自我排斥程度较重，因此，中小企业自我排斥程度的减缓对西部地区经济增长的效应明显。

对于表6-5控制变量而言，本部分主要分析对经济增长的地区结构有显著影响的产业结构、市场化程度、人力资本与经济政策四个因素。第二产业、第三产业产值提升对地区经济增长的促进作用主要源自东中部地区产业结构的调整与升级。一方面，东中部地区较西部地区发达，中小企业数量多、竞争大，因此对禀赋结构升级的需求较高；另一方面，东中部地区中小企业资本回报率高于西部地区，对外资的吸引程度较大，相应地，东中部地区中小企业技术含量与市场化水平较高。东中部地区中小企业禀赋结构、技术水平的提升有助于中小企业由劳动密集型向资本密集型、技术密集型转型，推动现代制造业与现代服务业的发展，从而对地区经济增长的促进作用显著。市场化程度的提升对地区经济增长的促进作用主要源自东中部地区非国有城镇居民就业水平的提高。对人力资本变量而言，西部地区人口受教育程度的提高对该地区经济增长有显著的促进作用，而东中部地区人力资本的提升对地区经济增长的提升作用有限。换句话而言，西部地区人口平均受教育程度的降低对该地区经济增长的阻碍作用较为显著。Lucas（1988）认为有丰富人力资源与高新技术的地区占据产业结构上游，从而具有技术上的垄断优势。西部地区大都为欠发达地区，人力资本投入较少，相应地，技术水平较弱，使得该地区长期处于生产的劣势地位，从而不利于经济发展。对经济政策变量而言，东中西部地区财政支持均有助于地区经济增长水平的提升，总体上表现为对地区平均实际工资水平有显著的正向作用。

综上，对三大区域而言，技术条件排斥、金融需求方自我排斥程度的减缓均有助于东中西部三大区域经济增长；金融供给方评估排斥程度的减缓对西部地区经济增长的提升作用明显；金融机构分布密度的提升有助于东中部地区中小企业长期债务的提升以及产业结构的优化，进而对东中部地区经济增长的正向效应显著；金融需求方条件排斥的减缓有助于东部地区中小企业融资效率的提升，进而促进东部地区经济增长。因此，要促进我国地区经济增长，对不同地区减缓金融排斥的侧重有所区分，对我国各地区而言，需要增进信息机制的建设；对西部地区而言，首先，增强我国各地尤其是西部地区中小企业金融信息的普及，减缓中小企业从金融机构获得融资的自我排斥，其次，推进金融机构对我国西部地区中小企业评估程序的进一步合理化，此外，加强西部地区中小企业与金融机构的沟通机制，增强西部地区中小企业对金融机构的依赖程度，增加西部地区中小企业对金融机构的资金需求弹性；对东部地区与中部地区而言，一方面，加强金融机构分布的合理化程度，增加金融机构在东中部地区县域层面、农村等地区的布局；另一方面，促进东部地区中小企业融资成本的合理化，降低中小企业融资成本较高、金融机构在东部地区分布不均衡对经济增长的阻碍作用。

表6-5　金融排斥与三大区域经济增长的关系（东中西部系数整合）

模型变量		(1)			(2)		
		东部	中部	西部	东部	中部	西部
EI	EvaluativeE	-0.01***	-0.04***	0.06***	-0.01**	-0.002**	0.03**
		(-3.18)	(-3.63)	(3.16)	(-2.06)	(-2.59)	(2.88)
	AccessE	0.09**	0.05*	-0.02*	0.03**	0.04*	-0.02**
		(2.26)	(1.75)	(-1.98)	(2.56)	(1.24)	(-1.99)
	InformE	0.001	0.002*	0.001*	0.002*	0.004*	0.003**
		(-0.18)	(1.06)	(1.88)	(-1.65)	(1.67)	(2.10)
	CondE	-3.89*	3.83*	0.08	-4.38*	4.23*	0.02
		(-1.24)	(1.60)	(0.06)	(-1.56)	(1.67)	(0.83)
	SelfE	-0.02	-0.06	-0.11***	-0.01	-0.04	-0.13**
		(0.54)	(0.48)	(-3.26)	(0.63)	(0.69)	(-2.29)
S	Fixass				0.23	-0.22**	0.08
					(0.96)	(-2.03)	(1.01)
	Ind1				0.24	-0.69	-0.21
					(1.00)	(-0.69)	(-0.66)
	Ind2				0.78**	0.03*	-0.75
					(2.30)	(-1.30)	(-0.83)
	Ind3				0.71*	0.32*	-0.18
					(1.56)	(1.73)	(-0.22)
	Density				0.66	-0.18	-0.06
					(1.48)	(-0.25)	(-0.17)
	NonstatEmploy				0.03*	0.12*	-0.01
					(1.72)	(1.91)	(-0.26)

模型变量		(1)			(2)		
		东部	中部	西部	东部	中部	西部
S	Forinv				1.95	6.39 *	0.11
					(0.83)	(1.28)	(0.06)
	HumCapital				− 0.05 ***	− 0.01 *	0.06 ***
					(− 3.37)	(− 1.70)	(3.07)
	Fisexp				0.31 *	0.31 *	0.15 *
					(1.88)	(1.71)	(1.75)
C（常数项）		10.37 ***			9.21 ***		
		(157.20)			(9.58)		
时间固定效应		控制			控制		
Hausman 检验		固定效应			固定效应		
R − sq		96.10%			97.90%		
省份数		31			31		
样本量		155			155		

注：括号内的值对应表 6 - 4 中的 t 统计量；*表示在 10% 的显著性水平；**表示在 5% 的显著性水平；***表示在 1% 的显著性水平。

资料来源：作者基于 Stata 软件估计。

3. 进一步分析：引入金融排斥综合指数

出于稳健性考虑，本章采用金融排斥综合指数（FEI）❶从整体上把握金融排斥与经济增长的地区结构的关系，金融排斥综合指数的具体测度过程见李建军和张丹俊（2015）。引入金融排斥综合指数的回归结果如表 6-6 所示。

如表 6-6 所示，模型（1）检验了金融排斥综合指数对 31 个省（直辖市、自治区）经济增长的影响，模型（2）检验了金融排斥与东中西部三大区域的关系。从表 6-6 模型（1）可得，金融排斥综

---

❶ 根据李建军和张丹俊（2015）对金融排斥综合指数的测度方法，金融排斥综合指数数值越大，表明金融排斥程度越大。

合指数与各地区经济增长显著负相关，这一结果表明：总体上，金融排斥程度的减缓有助于各省平均实际工资的增加。结合表6－3模型（8）金融排斥各项分指标对经济增长地区结构的回归结果可得，金融供给方评估排斥、技术条件排斥、金融需求方自我排斥程度的减缓对各省经济增长的正向效应大于金融供给方地理排斥程度减缓对各省经济增长的负向效应。表6－6模型（1）控制变量与表6－3模型（8）没有发生本质变化，这里不再赘述。

为了进一步明确金融排斥综合指数与东中西部地区三大区域经济增长的关系，表6－7在表6－6的基础上整理出了金融排斥的经济增长地区结构效应模型中各变量与东中西部三大区域分别对应的系数，具体结果如表6－7所示，表6－7括号内的值对应表6－6中的t统计量。

如表6－7所示，就金融排斥综合指数而言，东中西部地区均表现为金融排斥程度的减缓有助于地区平均实际工资的提高。结合表6－5金融排斥分指标对东中西部三大区域经济增长的回归结果可得，对西部地区而言，金融排斥程度减缓对西部地区经济增长的正向效应主要源自金融供给方评估排斥、技术条件排斥与金融需求方自我排斥。对于东部地区而言，金融供给方地理排斥、技术条件排斥、金融需求方条件排斥与自我排斥程度减缓对东部地区经济增长的正向效应大于金融供给方评估排斥程度减缓带来的负向效应。对中部地区而言，金融排斥综合指数对中部地区平均实际工资的负向效应主要源自金融供给方地理排斥、技术条件排斥与金融需求方自我排斥程度降低带来的地区增长效应。以上分析表明：金融排斥分指标对不同地区经济增长的作用方向不一致，总体上，金融排斥程度降低为东中西部地区经济增长带来的提升效应较大。对表6－7中控制变量而言，与表6－5模型（2）的回归结果没有发生本质变化，这里不再赘述。

综上，通过引入金融排斥综合指数，一方面加深了金融排斥对经济增长地区结构的影响机制的理解，另一方面说明本章的结论是稳健的。

表6-6　金融排斥综合指数与经济增长地区结构的关系

模型变量		(1) 31个省（直辖市、自治区）		(2) 三大区域			
EI	FEI	-0.003*	-0.03*	FEI_east	0.02*	$FEI\_central$	-0.09
		(-1.03)	(-1.21)		(1.13)		(-1.638)
S	$Fixass$	0.05	0.03	$Fixass\_east$	0.17	$Fixass\_central$	-0.13*
		(0.92)	(0.49)		(1.21)		(-1.04)
	$Ind1$	-0.17	-0.40	$Ind1\_east$	0.43	$Ind1\_central$	-0.24
		(-0.71)	(-1.12)		(0.85)		(-0.31)
	$Ind2$	0.907*	-3.14***	$Ind2\_east$	4.23**	$Ind2\_central$	3.83*
		(1.761)	(-3.80)		(2.23)		(1.39)
	$Ind3$	0.873*	-2.43***	$Ind3\_east$	3.57**	$Ind3\_central$	3.20*
		(1.545)	(-3.15)		(2.13)		(1.91)
	$Density$	0.15	-0.59**	$Density\_east$	0.97**	$Density\_central$	-0.19
		(0.84)	(-2.20)		(2.55)		(-0.59)
	$NonstatEmploy$	0.05**	-0.01	$NonstatEmploy\_east$	0.05*	$NonstatEmploy\_central$	0.16**
		(2.01)	(-0.17)		(1.86)		(2.29)
	$Forinv$	0.213	0.04	$Forinv\_east$	1.30	$Forinv\_central$	3.91*
		(0.359)	(0.02)		(0.71)		(1.85)
	$HumCapital$	0.05***	0.08***	$HumCapital\_east$	-0.11***	$HumCapital\_central$	-0.09*
		(4.53)	(4.72)		(-3.96)		(-1.86)
	$Fisexp$	0.15**	0.18**	$Fisexp\_east$	0.06*	$Fisexp\_central$	0.09*
		(2.11)	(2.55)		(1.85)		(1.13)
C（常数项）		9.12***		8.81***			
		(12.66)		(9.55)			
时间固定效应		控制		控制			
$Hausman$检验		固定效应		固定效应			
$R-sq$		95.40%		95.80%			
省份数		31		31			
样本量		155		155			

注：括号内的值是t统计量；*表示在10%的显著性水平；**表示在5%的显著性水平；***表示在1%的显著性水平。

资料来源：作者基于Stata软件估计。

表6－7 金融排斥综合指数与三大区域经济增长的关系（东中西部系数整合）

模型变量		东部	中部	西部
EI	*FEI*	－0.01 *	－0.12 *	－0.03 *
		(1.13)	(－1.638)	(－1.21)
S	*Fixass*	0.20	－0.10 *	0.03
		(1.21)	(－1.04)	(0.49)
	*Ind*1	0.03	－0.64	－0.40
		(0.85)	(－0.31)	(－1.12)
	*Ind*2	1.09 **	0.69 *	－3.14 ***
		(2.23)	(1.39)	(－3.80)
	*Ind*3	1.14 **	0.77 *	－2.43 ***
		(2.13)	(1.91)	(－3.15)
	Density	0.38 **	－0.78	－0.59 **
		(2.55)	(－0.59)	(－2.20)
	NonstatEmploy	0.04 *	0.15 **	－0.01
		(1.86)	(2.29)	(－0.17)
	Forinv	1.34	3.95 *	0.04
		(0.71)	(1.85)	(0.02)
	HumCapital	－0.03 ***	－0.01 *	0.08 ***
		(－3.96)	(－1.86)	(4.72)
	Fisexp	0.24 *	0.27 *	0.18 **
		(1.85)	(1.13)	(2.55)
C（常数项）		8.81 ***		
		(9.55)		
时间固定效应		控制		
Hausman 检验		固定效应		
R － sq		95.80%		
省份数		31		
样本量		155		

注：括号内的值对应表6－6中的 t 统计量；*表示在10%的显著性水平；**表示在5%的显著性水平；***表示在1%的显著性水平。

资料来源：作者基于 Stata 软件估计。

4. 稳健性检验

为了保证研究的稳健性，除了上文所采取的引入地区虚拟变量与金融排斥综合指数对金融排斥的经济增长地区结构模型的回归结果进行检验外，本章还进行了如下稳健性检验：

（1）改变缩尾程度。考虑到模型的回归结果可能受极端值处理程度的影响，本文将主要连续变量由上下 1% 的 winsorize 处理，调整为上下 2% 与 3%，调整后实证结果如表 6-8 模型（1）与模型（2）所示。其中，表 6-8 模型（1）表示将连续变量进行上下 2% 的 winsorize 处理，因变量用 $AveReaWage_{w2}$ 表示，表 6-8 模型（2）表示将连续变量进行上下 3% 的 winsorize 处理，因变量用 $AveReaWage_{w3}$ 表示，改变缩尾程度之后的回归结果与主检验的结果（如表 6-3 模型（8）所示）基本一致，说明本章的回归结果是稳健的。

（2）技术条件排斥变量替代。为了保证技术条件排斥指标的稳健性，本文采用工信部信息化推进司《中国信息化发展水平评估报告》（2010—2014）"信息化发展指数"替代技术条件排斥指标，重新进行回归，得到的结果如表 6-8 模型（3）。其中，"信息化发展指数"用 $InformE_2$ 表示，用"信息化发展指数"替代原技术条件排斥指标（企业信息化应用指数）之后的回归结果与主检验的结果相比没有发生实质性的改变，说明本章采用的技术条件排斥指标是稳健的。

（3）地区经济增长变量替代。为了保证地区经济增长指标的稳健性，本文采用实际人均地区生产总值替代平均实际工资，作为地区经济增长的代理变量，重新进行回归，得到的结果如表 6-8 模型（4）所示。其中，"实际人均地区生产总值"用 $PerReaRegPro$ 表示，回归结果显示，采用实际人均地区生产总值替代原地区经济增长指标（平均实际工资）之后的回归结果与主检验结果相比没有发生实质性的改变，说明本章采用的地区经济增长指标是稳健的。

表 6 – 8　改变缩尾程度与进行变量替代的稳健性检验结果❶

模型变量		(1)	(2)	(3)	(4)
		$AveReaWage_{w2}$	$AveReaWage_{w3}$	$AveReaWage$	$PerReaRegPro$
EI	EvaluativeE	0.004 *	0.001 *	0.01 *	0.02 **
		(1.36)	(1.07)	(1.56)	(2.07)
	AccessE	– 0.04 **	– 0.07 *	– 0.03 **	– 0.02 **
		(– 2.53)	(– 1.98)	(– 2.50)	(– 2.10)
	InformE	0.001 *	0.002 *		0.001 *
		(1.62)	(1.53)		(1.95)
	CondE	– 0.42	– 0.91	– 0.27	– 0.77
		(– 0.41)	(– 0.83)	(– 0.26)	(– 0.99)
	SelfE	– 0.11 *	– 0.16 *	– 0.07 *	– 0.07 *
		(– 1.67)	(– 1.69)	(– 1.24)	(– 1.65)
	$InformE_2$			0.003 *	
				(1.77)	
	C（常数项）	9.14 ***	8.70 ***	9.26 ***	7.72 ***
		(13.52)	(14.33)	(13.25)	(14.39)
时间固定效应		控制	控制	控制	控制
$R – sq$		95.80%	94.90%	95.80%	98.20%
省份数		31	31	31	31
样本量		155	155	155	155

注：括号内的值是 t 统计量；*表示在 10% 的显著性水平；**表示在 5% 的显著性水平；***表示在 1% 的显著性水平。

资料来源：作者基于 Stata 软件估计。

6.4　本章小结

6.4.1　研究结论

本章以金融排斥为切入点，基于中小企业在实体经济、就业方

---

❶　为了节省篇幅，表 6 – 8 控制变量的结果如附录表 4 所示。

面的突出贡献及其地区差异的特点，分别从31个省（直辖市、自治区）及东中西部三大区域实证分析了金融排斥对经济增长地区结构的作用效应，得出如下几点结论。

首先，本章从31个省（直辖市、自治区）层面实证分析了金融排斥对经济增长的地区结构的影响，结果表明金融供给方评估排斥、技术条件排斥与金融需求方自我排斥程度的减缓对地区经济增长有正向效应，而金融供给方地理排斥程度的降低对地区经济增长的促进效应有限。

其次，为了进一步检验金融排斥与三大区域经济增长的关系，本章引入东部地区与中部地区虚拟变量，以西部地区为对照组，分区域对金融排斥的经济增长地区结构效应进行实证分析。研究结果表明：三大区域中，东部地区与中部地区各变量的系数符号总体上保持一致。其中，技术条件排斥、金融需求方自我排斥程度的减缓均有助于东中西部三大区域经济增长；对西部地区而言，金融供给方评估排斥程度的减缓对西部地区经济增长的提升作用明显；金融供给方地理排斥程度的减缓有助于东中部地区经济增长，原因在于金融机构分布密度的提升有助于促进中小企业长期债务的提升以及产业结构的优化；金融需求方条件排斥的减缓有助于促进东部地区中小企业融资效率的提升，进而促进东部地区经济增长。因此，要促进我国地区经济增长，对不同地区减缓金融排斥的侧重点应有所区分。

再次，为了从整体上把握不同金融排斥指标对经济增长地区结构的影响，本章引入金融排斥综合指数，从31个省（直辖市、自治区）与东中西部三大区域层面进行了实证分析，结果显示，金融排斥程度的减缓总体上有助于促进地区经济增长。结合金融排斥各项分指标对经济增长地区结构的回归结果可得，金融供给方评估排斥、技术条件排斥、金融需求方自我排斥程度的减缓对各省经济增长的正向效应大于金融供给方地理排斥程度减缓对各省经济增长的负向效应。从东中西部三大区域来看，对西部地区而言，金融排斥程度减缓对西部地区经济增长的正向效应主要源自金融供给方评估排斥、技术条件排斥及金融需求方自我排斥。对于东部地区而言，金融供给方地理排斥、技术条件排斥、金融需求方条件排斥及自我排斥程度减缓对东部地区经济增长的正向效应大于金融供给方评估排斥程度减缓带来的负向效应。对中部地区而言，金融排斥程度的减缓对中部地区经济增长的提升效应主要源自金融供给方地理排斥、技术条件排斥与金融需求方自我排斥程度的降低。

最后，通过分析控制变量对经济增长地区结构的影响可知，第二产业产值占比和第三产业产值占比、市场化水平、人力资本以及财政支出的增加均有助于地区经济增长。考虑到金融排斥通过微观层面影响企业禀赋结构的转型，从宏观层面通过影响产业结构、市场化水平推动现代制造业与现代服务业的发展，最终推动地区经济增长，因此，从金融排斥视角提出促进地区经济增长、缩小经济增长的地区差异的政策路径十分必要。

6.4.2 政策启示

基于本章实证研究结果，对于促进地区经济增长有如下政策启示。

第一，引入金融排斥综合指数的回归结果表明，总体上，金融排斥程度的增加对地区经济增长有显著阻碍作用。本章对分维度金融排斥指标的实证分析分为金融排斥对 31 个省（直辖市、自治区）地区经济增长的影响与对东中西部三大区域经济增长的影响两部分。对技术条件排斥而言，31 个省（直辖市、自治区）实证分析的结果显示，技术条件排斥程度的增加显著阻碍了 31 个省（直辖市、自治区）地区经济增长。分三大区域的实证结果显示，技术条件排斥程度的增加对东中西部三大区域均有显著阻碍作用。鉴于此，要缓解各地区技术条件排斥，需要增强各地区信息化云平台建设，降低由于地区信息化水平较低、中小企业与金融机构之间的信息沟通机制不健全造成的中小企业融资水平低，阻碍地区经济增长的现象。

金融排斥的结构效应——基于中国中小企业视角

164

第二，中小企业自我排斥程度的增加对 31 个省（直辖市、自治区）经济增长有显著阻碍作用。分区域的实证分析显示，中小企业自我排斥程度的增加对东中西部三大区域平均实际工资水平均有阻碍作用，其中，西部地区中小企业自我排斥程度的增加对西部地区经济增长的阻碍作用尤为显著。对西部地区而言，中小企业数量较少，金融机构分布不均衡，中小企业融资主要来源于民间融资与自有资金，中小企业对银行等金融机构进行自我排斥的倾向性较东中部地区大，因此，西部地区中小企业自我排斥程度的减缓对地区经济增长的提升效应较显著。减缓西部地区中小企业自我排斥，一方面需要将中小企业金融知识的普及、西部地区信息化基础设施的建立、西部地区金融机构的建设相结合，共同改善西部地区中小企业对金融机构依赖性不强的现状；另一方面需要从西部地区中小企业自身出发，增强自身财务条件，加深对金融知识的了解，降低西部地区中小企业自我排斥程度，缩小西部地区与东中部地区自我排斥对经济增长影响的区域差异。

第三，金融供给方评估排斥对 31 个省（直辖市、自治区）地区经济增长影响的实证结果显示，金融供给方评估排斥程度的增加对地区经济增长有显著的阻碍作用。进一步地，通过引入地区虚拟变量的回归结果显示，金融供给方评估排斥程度的增加对地区经济增长的负向作用主要源自西部地区。西部地区与东中部地区相比，中小企业资本回报率较低，银行等金融机构出于获取利润、减小风险的考虑，对西部地区中小企业的评估条件较东中部地区严格，因此，随着银行等金融机构对中小企业的评估程序合理化，西部地区中小企业获取银行融资的概率增加。为了缓解银行等金融机构对西部地区中小企业的评估排斥，可以从以下几方面入手：一方面，引导和鼓励银行等金融机构建立科学的评估程序，有助于银行与中小企业建立可持续的银企关系。另一方面，可以建立一套完善的中小企业担保体系。首先，可以设立中小企业担保基金，完善中小企业担保机制，形成一套针对中小企业的担保体系，降低由信息不对称造成的金融机构对中小企业的评估排斥；其次，建立与中小企业担保体系配套的风险分担机制，化解银行等金融机构对中小企业放贷的风险，增强银行等金融机构对中小企业放贷的意愿，降低银行等金融机构对中小企业尤其是西部地区中小企业的评估排斥程度，促进西部地区经济增长以及 31 个省（直辖市、自治区）各地区经济增长，缩小西部地区与东中部地区评估排斥对经济增长的区域差异。

第四，金融供给方地理排斥对 31 个省（直辖市、自治区）地区经济增长影响的实证结果显示，金融机构地理分布密度的增加不利于地区经济增长，反而表现为地理排斥程度的增加有助于地区经济增长。引入地区虚拟变量，分东中西部三大区域考察金融排斥对经济增长地区结构影响的实证结果显示金融供给方地理排斥程度的减缓有助于东中部地区经济增长，而对西部地区经济增长的作用有限。这一结果表明地理排斥程度增加对地区经济增长的正向作用主要来源于西部地区。对于东中部地区而言，金融机构分布密度的提升有助于促进东部地区与中部地区中小企业长期债务的提升以及产业结构的优化，而西部地区中小企业融资来源主要是民间融资，对银行等金融机构的依赖程度较低，因此，金融供给方地理排斥程度的减缓对西部地区中小企业融资效率的提升作用有限，不利于西部地区经济增长的提高，而地理排斥程度的增加有助于西部地区经济增长，最终使得金融供给方地理排斥指标与地区经济增长呈负相关关系。因此，对于金融供给方地理排斥，需要分地区采取不同的措施。一方面，对于东部地区与中部地区，需要缓解地理排斥，为中小企业建立一批中小金融机构，由于中小金融机构与中小企业的联系较大型金融机构更为紧密，从而可以有效降低中小企业与银行等金融机构之间的信息不对称性，减少金融机构的尽职调研成本，有效提升金融机构地理分布密度的增加对地区经济增长的正向效应。另一方面，对于西部地区而言，在构建中小金融机构体系建设、增进银企关系的同时，鼓励并支持非金融渠道直接金融的发展，拓展中小企业的融资渠道。

第五，金融需求方条件排斥对 31 个省（直辖市、自治区）地区经济增长的影响不显著。分东中西部三大区域的实证结果显示中小企业条件排斥程度的减缓对东部地区经济增长的促进作用显著，而对中西部地区表现为中小企业条件排斥程度的增加有助于中西部地区经济增长。与中西部地区相比，东部地区中小企业数量较多，企业资本回报率与工资率相对中西部地区较高，东部地区中小企业从金融机构获取资金较中西部地区中小企业更为容易，因此，东部地区中小企业受融资成本的影响较大。与东部地区表现不同，对中西部地区中小企业而言，融资成本的增加反而表现为对中西部地区经济增长有正向作用。原因可能在于，对于中西部地区中小企业，非银行融资是其主要外源融资渠道，中小企业融资成本的增加意味着中西部地区从非银行金融机构融资的概率增加，同样带来了地区经济的增长。这一结果在一定程度上肯定了非银行融资对经济增长的促进作用。因此，在拓展间接融资渠道的同时，规范并适度鼓励非金融机构等直接融资渠道的发展，拓宽中西部地区中小企业的融资来源，有利于促进中西部地区经济增长。

概括而论，从金融排斥的视角提出促进我国地区经济增长的政策建议十分必要。从东中西部三大区域来看，减缓金融排斥的措施应根据区域不同有所区分。从我国各地区来看，需要增强各地区信息化云平台建设，完善中小企业与金融机构之间的信息沟通机制，加强中小企业金融知识的普及，减缓技术条件排斥与中小企业自我排斥对地区经济增长的阻碍作用。对西部地区而言，需要进一步减缓金融机构对西部地区中小企业的评估排斥程度，首先，需要将西部地区中小企业金融知识的普及、中小金融机构的建设以及中小企业自身素质的提升相结合，共同改善西部地区中小企业与金融机构之间的关系，减缓西部地区中小企业自我排斥程度；其次，引导和鼓励银行等金融机构对西部地区中小企业建立科学的评估程序、中小企业担保体系以及配套的担保风险分担机制，改善西部地区中小企业评估排斥程度。对东部地区与中部地区而言，要重点减缓金融机构地理排斥程度、降低中小企业融资成本。首先，为中小企业建立一批中小金融机构，有效降低金融机构对中小企业放贷的尽职调研成本，降低金融机构与中小企业之间的信息不对称，提升东中部地区中小企业的融资效率；其次，促进东部地区中小企业融资成本的合理化，降低由于中小企业融资成本较高对经济增长的阻碍作用。综上，要促进我国地区经济增长，一方面，需要从减缓金融排斥入手，对东中西部三大区域采取不同的措施，有效改善我国各地区金融排斥程度；另一方面，金融供给方地理排斥与中小企业条件排斥在一定程度上表现出对欠发达地区经济增长有促进作用，考虑到中小企业融资来源中非银行融资在一定程度促进了经济增长，在西部地区尤为明显，在拓展间接融资渠道的同时，规范并适度鼓励非金融机构等直接融资渠道的发展，拓宽中小企业的融资渠道。最后，推进产业结构中第二产业、第三产业产值占比的提升、提升市场化水平、人力资本水平以及财政支出，与缓解金融排斥、鼓励非银行融资的发展相结合，微观层面与宏观层面的措施并举，共同促进我国地区经济增长，缩小金融排斥对经济增长影响的区域差异。

第7章　结论与启示

在我国，金融排斥的研究最初围绕居民、农户等微观群体展开，由于银行等金融机构分支机构从欠发达地区撤出，使得欠发达地区群体面临金融服务获取方面的障碍，即遭受到金融供给方地理排斥。相应地，金融排斥效应的研究集中于贫富分化与区域经济发展不均衡，并且主要为定性分析。随着金融排斥理论的发展，金融排斥的维度与研究对象进一步得到拓展。中小企业作为推动我国经济发展与资源配置的微观主体，其遭受的金融排斥程度较为严重，金融排斥在微观上会降低企业财务结构稳健性；在宏观上，中小企业作为现代制造业与现代服务业的主要载体，其发达程度对企业微观资源禀赋的转型升级、企业技术含量与市场化程度的提升产生重要影响，因此，中小企业金融排斥从总体上阻碍了产业结构的调整与升级；在地区层面，由于我国金融资源地区分布不平衡，金融排斥会对经济增长的地区结构产生影响。普惠金融与金融排斥是一个问题的两个方面，金融排斥通过降低中小企业获取金融服务的程度，从反面揭示了普惠金融的缘起。从中小企业视角研究金融排斥对经济结构的影响，对于丰富金融发展与经济增长之间关系的研究内容、推进我国经济结构的战略转型与构建普惠金融体系十分必要。本书注重理论与实践相结合、微观分析与宏观体系建设相结合、归纳与演绎方法相结合、定性分析与定量分析相结合，强调经济学作为经验科学的解释功能，综合运用金融学、发展经济学、金融地理学、计量经济学等多学科知识对金融排斥的结构效应进行了系统、深入的研究，本章总结了本书的研究结论与研究启示。

7.1　研究结论

第一，现有理论与实证研究没有对金融排斥进行系统、深入的研究。就理论研究而言，从金融伦理思想出发，提出了普惠金融的指导思想，并从伦理道德的角度提出了减缓金融排斥的必要性。通过梳理普惠金融理论与金融排斥理论的形成与发展过程，明确了金融服务的内涵与外延，本书认为，金融排斥是由于部分经济主体（包括微观个体、中小企业、欠发达地区）没有达到银行等金融机构设定的放贷标准，无法通过正规金融机构公平地获得金融产品和金融服务的现象。具体到中小企业，作为经济增长的主要推动力量，在传统信贷思想下，由于信息不对称理论，中小企业受到严重的金融排斥，直接表现为中小企业融资难。尽管国内外研究对金融排斥的定义、维度、成因的研究有丰富的理论成果，在金融排斥的测度方面还没有形成统一的方法与标准，本书在金融排斥指标体系中加入技术条件排斥，形成金融供给方排斥、技术条件排斥、金融需求方排斥三个方面的金融排斥指标体系。就实证分析而言，对金融排斥的研究多围绕居民、农户等微观个体展开，主要以定性分析为主，定量分析围绕金融排斥的地区差异展开。对金融排斥效应的研究以定性分析为主，研究认为金融排斥会加剧社会群体之间的贫富分化以及区域经济发展差异，鲜有从中小企业视角对金融排斥的效应的定量分析。中小企业作为推动经济增长的主要力量与资源配置的微观主体，在我国以间接融资为主导的金融结构下，本书从企业、产业与地区三个方面构建了金融排斥的结构效应分析框架，并立足我国现实对其进行实证分析。

第二，在继承前人研究成果的基础上形成了金融排斥的理论生成机制，金融排斥结构效应的理论分析框架。金融排斥的理论生成机制内在逻辑是：信息不对称理论为中小企业融资难问题奠定了理论基础，由信息不对称理论发展而来的信贷配给理论、企业成长周期理论分别从金融产品和服务的供给方与需求方揭示了融资难的理论原因。据此，对金融排斥的研究主要围绕中小企业融资难的形成机制与解决问题展开。现有研究主要是从局部、从企业规模与金融服务提供者角度对金融排斥展开研究，金融排斥的影响因素需要深入挖掘，因此，需要一个完整的金融排斥的理论架构和综合政策应对框架。本书从金融供给方、信息机制基础条件、金融需求方三个方面构建金融排斥的指标评价体系，并在此基础上，试图探究金融排斥的结构效应理论分析框架。由于中小企业主要以民营企业为主，具有规模小、经营灵活等特点，因此，中小企业已经成为推动经济增长、促进就业的主要力量，然而，其在获取金融服务方面，比大型企业要困难得多。在微观上，与大型企业相比，中小企业在财务结构方面具有资产负债率与带息债务率较低、内源融资较高、短期债务占比较高的特点。金融排斥可能会导致中小企业特殊的财务效应，使得中小企业倾向于从非正规金融进行融资、债务短期化加剧，进一步影响中小企业财务结构的稳健性。在宏观上，产业结构方面，中小企业数量在规模以上工业企业中占有绝对优势，并且具有较高的劳动密集程度，第三产业企业也具有明显的中小企业特点，技术水平与市场化程度较低，那么，中小企业金融排斥可能会阻碍企业资源禀赋结构转型升级，以及企业技术含量与市场化程度的提升，进而阻碍产业结构的优化。由于我国中小企业区域发展不均衡，并且金融机构的空间分布差异程度较大，金融排斥可能会加剧信贷资源的地区失衡，对经济增长的地区结构产生影响。

第三，通过构建金融排斥指标体系，并对测度结果进行分析，发现金融排斥的地区差异显著。东部地区与中部地区中小企业金融排斥程度的级差较大，西部地区金融排斥程度表现为较轻的特点。从金融需求方排斥指标来看，中小企业自我排斥具有显著的地区特点，表现为经济发展程度较高的省区金融需求方自我排斥程度较轻，而经济发达程度较低的省区自我排斥程度普遍较重。主要原因在于经济发达程度较低的省区，中小企业融资来源主要为非正规融资，因此，这些地区企业与金融机构之间的联系不紧密，表现为中小企业对正规金融机构的排斥程度较重，而对非正规融资的依赖程度较高。从金融排斥指标来看，对地区差异影响较大的是金融供给方排斥指标，地理排斥的影响程度最大，技术条件排斥的影响略大于金融需求方排斥。

第四，基于金融排斥的结构效应分析框架，本书分析了金融排斥对企业财务结构、产业结构、经济增长的地区结构三个方面的效应。中小企业金融排斥的财务结构效应的分析侧重于微观层面的分析，金融排斥的产业结构效应与地区经济增长效应的分析侧重于宏观层面的分析。依次来看，中小企业金融排斥的财务结构效应的研究结果表明金融排斥总体上不利于企业财务结构的改善。其中，评估排斥与自我排斥的减缓有利于企业银行融资占比的提升，降低非银行融资占比；地理排斥与技术条件排斥的减缓有利于企业债务期限结构的改善，提高企业财务结构的稳健性。此外，金融机构分布密度的增加对银行融资的改善在中西部地区中小企业中体现得更好，而中小企业融资成本的降低对短期银行融资环境的改善在东部地区中小企业中更为显著。对比分析不同金融排斥指标对非银行融资的作用效果及其区域差异，发现随着金融排斥程度的改善，中西部地区非银行融资水平的降低效果有限，原因在于非银行融资是中西部地区中小企业的主要外源融资渠道。

第五，金融排斥指标对产业结构的影响表现为，总体上，金融排斥不利于现代制造业与现代服务业的发展。具体而言，金融供给方地理排斥与金融需求方自我排斥程度的增加对第二、第三产业产值占比与第三产业相对产值提升的阻碍作用尤为显著，技术条件排斥程度的增加对第二产业与第三产业产值占比均有明显的阻碍作用。金融供给方评估排斥、金融需求方条件排斥的减缓对第二、三产业产值占比的提升效果有限，这在一定程度上肯定了非银行等金融机构对产业结构优化的积极作用。考虑到技术创新对产业结构升级的重要作用，并且金融因素可以渗透到供给、需求以及宏观政策等非金融因素中，引入金融排斥综合指数与科技创新的交叉变量结果进一步显示，金融排斥程度的增加会阻碍科技创新水平的提升，最终减慢产业结构优化进程。

第六，金融排斥对经济增长的地区结构效应体现在，总体上，金融排斥会阻碍地区经济增长的提升。具体而言，金融供给方评估排斥、技术条件排斥与金融需求方自我排斥会阻碍地区经济增长，而金融供给方地理排斥对地区经济增长表现为促进作用。通过引入地区虚拟变量对东中西部三大区域进行实证分析，结果表明，技术条件排斥、金融需求方自我排斥程度的减缓均有助于东中西部三大区域经济增长；金融供给方评估排斥程度的减缓对地区经济增长的正向作用主要来自西部地区。对金融供给方地理排斥而言，金融供给方地理排斥的减缓对地区经济增长效果有限的主要原因来自西部地区；中小企业条件排斥的减缓对中西部地区经济增长效果有限，这在一定程度上肯定了非银行融资渠道对经济增长的促进作用。

以上分析以本书研究的脉络为主线，总结了金融排斥指标对财务结构、产业结构及经济增长地区结构的影响，金融排斥的结构效应总结如表 7-1 所示。从金融排斥指标来看，总体上，金融排斥程度的增加不利于企业财务结构的改善、阻碍产业结构的优化并且不利于地区经济增长。具体而言，评估排斥增加了中小企业获取银行融资的难度，加重了非银行融资与内源融资的比重，不利于第三产业相对产值的提升以及西部地区经济的可持续增长；地理排斥程度的增加会导致中小企业债务短期化，对中西部地区银行融资的阻碍作用显著，不利于产业结构优化，对经济增长的地区结构效应表现为不利于东中部地区经济增长，而对西部地区经济增长的阻碍作用有限；技术条件排斥程度的增加会导致中小企业债务短期化，不利于第二产业与第三产业产值占比的提升，在经济增长的地区结构效应上表现为阻碍东中西部地区经济增长；中小企业条件排斥对东部地区短期银行融资的阻碍作用显著，对银行融资的作用效果不显著，在产业结构方面表现为条件排斥程度的减缓对第二、三产业产值占比的提升效果有限，对第三产业相对产值作用效果有限，在经济增长的地区结构方面表现为条件排斥程度的增加不利于东部地区经济增长，对中西部地区经济增长的作用效果有限；中小企业自我排斥增加了中小企业获取银行融资的难度，加剧了非银行融资的比重，不利于产业结构优化与东中西部地区经济可持续增长。由此可见，金融排斥分维度指标对不同结构的影响程度不同，从金融排斥角度提出增加财务结构稳健性、优化产业结构、缩小经济增长区域差异的研究启示尤为必要。

表7-1 金融排斥的结构效应

金融排斥的结构效应	财务结构	产业结构	经济增长的地区结构
金融排斥综合指数	总体上不利于企业财务结构的改善	不利于现代制造业与现代服务业的发展	阻碍地区经济增长
金融供给方评估排斥	增加中小企业获取银行融资的难度，加重非银行融资与内源融资的比重	阻碍第三产业相对产值提升	阻碍地区经济增长（西部地区）
金融供给方地理排斥	中小企业债务短期化；对银行融资的阻碍作用（中西部）	阻碍第二、第三产业产值占比与第三产业相对产值提升	阻碍东中部地区经济增长；对西部地区经济增长的阻碍作用有限
技术条件排斥	中小企业债务短期化	阻碍第二产业与第三产业产值占比提升	阻碍东中西部地区经济增长
金融需求方条件排斥	对短期银行融资的阻碍作用（东部）	排斥程度的减缓对第二、第三产业产值占比的提升效果有限；对第三产业相对产值的作用不显著	阻碍东部地区经济增长；对中西部地区经济增长的阻碍作用有限
金融需求方自我排斥	增加中小企业获取银行融资的难度，加重非银行融资的比重	阻碍第二、第三产业产值占比与第三产业相对产值提升	阻碍东中西部地区经济增长

资料来源：作者整理。

7.2 研究启示

综合金融排斥的结构效应实证分析与研究结论，为了增强企业财务结构的稳健性，优化产业结构，加强地区经济增长的可持续性，缩小经济增长的区域差异，本书首先从金融排斥指标出发，提出缓解金融排斥的对策建议；其次在发展间接融资渠道的同时，规范并鼓励非正规金融的发展，拓展中小企业的融资渠道；最后从企业自身财务条件、产业结构与经济增长地区结构的其他决定因素三方面提出研究启示。

第一，基于金融排斥对企业财务结构的效应分析可得，提高中小企业财务结构的稳健性，一方面需要从减缓金融排斥入手，构建中小企业的担保体系与相应的风险担保机制、加强金融机构建设、推进信息化云平台建设、加强企业金融知识的普及，降低中小企业与银行等金融机构之间的信息不对称性与逆向选择，增加金融机构与企业之间的信息沟通机制；另一方面，建立有效的、多层次的融资体系，在发展间接融资渠道的同时，适度鼓励非金融的发展，与金融机构形成相互竞争与相互补充的关系，促进财务结构稳健性的提升。此外，提高企业资产担保能力与企业规模等自身条件，与缓解金融排斥相互配合，促进我国中小企业财务结构的可持续发展。

第二，基于金融排斥对产业结构的效应分析可得，要推进产业结构调整与优化进程，一方面，需要从金融排斥指标出发，减缓金融供给方地理排斥、技术条件排斥与金融需求方自我排斥，加强中小金融机构建设、推进信息化云平台建设、增进中小企业金融知识的普及，提升企业的科技创新能力；另一方面，拓宽中小企业融资渠道，鼓励非金融的发展，发挥非银行等金融机构对产业结构优化的积极作用。此外，鼓励需求方消费性支出，促进对外贸易发展，与缓解金融排斥、鼓励非银行的发展相互配合，共同推进现代制造业与现代服务业的发展，加快产业结构升级进程。

第三，基于金融排斥对经济增长地区结构的效应分析可得，要加强各地区经济增长的可持续性，缩小经济增长的区域差异，首先，从金融排斥指标入手，对不同区域采取不同的措施，对我国各省（直辖市、自治区）而言，需要缓解各地区技术条件排斥与中小企业自我排斥，完善各地区中小企业与金融机构之间的信息沟通机制，降低中小企业对金融服务的排斥程度；对西部地区而言，需要进一步减缓金融供给方评估排斥程度；对东部地区与中部地区而言，需要进一步减缓金融供给方地理排斥与中小企业条件排斥。其次，金融供给方地理排斥与中小企业条件排斥在一定程度上表现出对欠发达地区经济增长有促进作用，因此，需要在拓展间接融资渠道的同时，规范并适度鼓励非金融的发展。此外，推进产业结构中第二产业、第三产业产值占比的提升、提升市场化水平、人力资本水平以及财政支出，与缓解金融排斥、鼓励非银行融资的发展相结合，微观层面与宏观层面的措施并举，共同改善我国经济增长的地区结构。

7.3 政策建议

根据研究结论与研究启示，对于缓解金融排斥程度，本书提出如下政策建议。

第一，基于金融排斥指标体系的构建与金融排斥的省域差异分析可得，缓解金融排斥程度，从区域层面来看应重点从中西部地区入手，改善经济发展水平较低的省区企业的融资环境，从不同金融排斥指标来看应首先从对各省（自治区、直辖市）金融排斥程度影响较大的金融供给方地理排斥、金融供给方评估排斥和技术条件排斥入手，采取相应的缓解金融排斥程度的政策举措。对于金融排斥程度与经济发展水平不符的省区，需将金融需求方自我排斥作为突破口，缓解这些地区金融排斥程度。具体而言，对于经济发展水平较高并且金融排斥程度较重的省区，其中小企业自我排斥程度较轻，现有金融服务基础设施不能满足中小企业对金融服务的需求，因此，应构建中小金融机构体系与科学合理的评估机制，有效提高金融机构分布密度，降低评估排斥程度，以减缓金融供给方地理排斥与评估排斥对金融排斥程度的加剧效应。对于经济发展程度较为落后的省区，其中小企业自我排斥程度往往较重，这会减弱金融供给方评估排斥、金融需求方条件排斥对欠发达地区金融排斥的影响程度。而对于经济水平较低且金融排斥较轻的省区，应向中小企业推广、普及金融知识，增加信息基础设施的建设，完善金融机构与中小企业之间的信息沟通机制，降低金融机构与中小企业之间的信息不对称性以及中小企业对金融机构的自我排斥程度。总之，金融排斥的影响因素复杂，应基于金融排斥的测度结果，从消除金融排斥的影响因素着手，从多个角度采取措施。

第二，金融供给方地理排斥作为金融排斥综合指数最重要的影响因素，其缓解有助于中小企业银行融资期限结构的改善，对第三产业相对产值的提升作用显著，在经济增长的地区结构方面有助于推动东部地区与中部地区经济增长。要缓解金融供给方地理排斥，需要加强金融机构建设，建立一批为中小企业服务的中小金融机构，特别是加强中西部等经济欠发达地区的中小金融机构建设，改善该地区中小企业与金融机构之间的逆向选择与信息不对称性，有效改善这些地区中小企业的融资环境，缩小地理排斥对银行融资与经济增长地区差异的影响，促进金融服务在地理空间配置的均衡，推动地理排斥的结构效应的改善。

第三，金融供给方评估排斥对各省区金融排斥的影响程度仅次于地理排斥。评估排斥程度的减缓有助于改善企业融资环境，促进第三产业相对产值的提升，对西部地区经济增长的提升作用尤为显著。缓解评估排斥，要引导和鼓励银行类金融机构建立科学有效的评估程序，建立可持续的银企合作关系，并且建立一套完善的中小企业担保体系以及与担保体系配套的风险分担机制，增加银行等金融机构对中小企业放贷的意愿，降低银行等金融机构对中小企业尤其是西部地区中小企业的评估排斥程度，促进中小企业融资环境的改善，推进第三产业的发展，有助于西部地区经济增长，缩小经济增长的地区差异，改善评估排斥的结构效应。

第四，技术条件排斥程度的缓解有助于企业融资期限结构的改善，对产业结构中第二产业与第三产业产值占比均有明显的提升作用，有助于推动东中西部三大区域经济增长。鉴于此，要缓解各地区技术条件排斥，需要增强各地区信息化云平台建设，完善企业与金融机构之间的信息沟通机制，降低由于企业信息化应用水平较低造成中小企业融资水平低，产业结构优化与地区经济增长受阻的现象。

第五，对于金融需求方排斥指标而言，中小企业条件排斥程度的降低对东部地区企业短期银行水平的改善以及东部地区经济增长的促进作用显著。而中小企业自我排斥程度的降低有助于改善企业融资环境、促进第三产业相对产值的提升以及东中西部地区经济增长的提高，对于西部地区经济增长的提升作用尤为显著。因此，对于东部地区，应促进中小企业融资成本的合理化；对于西部地区，改善其中小企业自我排斥程度，对经济发展较为落后省区的中小企业进行金融知识的普及，提高其对金融服务的需求程度，提高金融需求方排斥指标对企业财务结构、产业结构与经济增长地区结构的改善效果。

第六，考虑到经济欠发达地区自我排斥程度较大，融资渠道倾向于非正规金融，金融供给方地理排斥程度的减缓对西部地区经济增长的作用效果有限，中小企业条件排斥的减缓对中西部地区经济增长的作用效果有限。这一结果显示，对于经济欠发达地区，一方面，提高其金融知识的普及，缓解经济发展落后省区的自我排斥程度；另一方面，规范并适度鼓励非正规金融的发展，拓宽欠发达地区中小企业的融资渠道，与缓解金融排斥相结合，共同推进金融排斥对结构效应的改善。

附　录

表 1　金融排斥与银行融资占比低于 60% 的中小企业财务结构回归结果

模型变量	模型 1 Bankrt	模型 2 SHD	模型 3 LOD	模型 4 Accbondprt	模型 5 Othaccprt	模型 6 TD	模型 7 STD	模型 8 L/T	模型 9 ReEarn
金融排斥指标（EI）									
EvaluativeE	0.0418**	0.0235*	0.0183	−0.0549***	−0.0249*	0.0322***	0.0263**	0.0174	−0.0263**
	(2.101)	(1.216)	(1.012)	(−3.055)	(−1.886)	(2.789)	(2.369)	(1.036)	(−2.523)
AccessE	−0.0008*	−0.0252*	0.0260*	0.0020*	0.0124*	0.0267*	0.0176*	0.0496*	−0.0191*
	(−1.0230)	(−1.775)	(1.694)	(1.0674)	(1.5610)	(1.3720)	(1.9440)	(1.7540)	(−1.0890)
InformE	0.0003*	0.0003*	0.0001*	−0.0001*	−0.0002*	−0.0004*	−0.0004*	0.0007*	0.0001*
	(1.688)	(1.688)	(1.0433)	(−1.0410)	(−1.8720)	(−1.7630)	(−1.6660)	(1.1270)	(1.2640)
CondE	0.9410	−0.1500*	1.0910	1.0800*	2.0610*	0.5460*	−0.7510	0.9140	−0.0978*
	(0.5870)	(−1.0962)	(1.4870)	(1.746)	(1.9400)	(1.5860)	(−0.8410)	(0.6750)	(−1.1160)
SelfE	−0.0723*	−0.0332*	−0.0391	0.0561	0.1080*	−0.0606*	−0.0062*	−0.1550*	−0.0055
	(−1.6930)	(−1.3280)	(−0.8190)	(0.5960)	(1.5690)	(−1.0000)	(−1.1070)	(−1.7540)	(−0.1000)

179

续表

模型变量	模型 1 Bankrt	模型 2 SHD	模型 3 LOD	模型 4 Accbondprt	模型 5 Othaccprt	模型 6 TD	模型 7 STD	模型 8 L/T	模型 9 ReEarn
控制变量（Z）									
EBIT	-0.0510*	-0.0530**	0.0020*	0.0384*	-0.0088*	-0.1560***	-0.0909***	-0.0500**	0.0432***
	(-1.8470)	(-1.9770)	(1.1590)	(1.540)	(-1.478)	(-9.7410)	(-5.9060)	(-2.1440)	(2.9870)
Qckrt	-0.5380***	-0.5390***	0.0008	0.2240***	-0.0907*	-0.2550***	-0.2650***	0.1900***	0.0318
	(-7.3290)	(-7.5590)	(0.0243)	(3.3840)	(-1.8660)	(-5.9840)	(-6.4680)	(3.0650)	(0.8270)
Grow	-0.0121*	-0.0094	-0.0027	0.0080*	0.0031*	0.0362***	0.0371***	-0.0045*	-0.0466***
	(-1.0770)	(-0.8590)	(-0.5320)	(1.7890)	(1.4190)	(5.5420)	(5.9130)	(-1.4760)	(-7.9060)
CF	-0.0002	0.0004	-0.0002	0.0005**	-0.0002	0.0001	0.0001	0.0002	-0.0002*
	(-0.7080)	(1.4430)	(-1.5150)	(2.3470)	(-1.3950)	(0.1210)	(0.7630)	(1.1370)	(-1.8570)
Fixass	0.2370***	0.1520***	0.0845***	-0.266***	0.0201*	0.2040***	0.1380***	-0.0946**	0.0785***
	(4.5600)	(3.0190)	(3.5600)	(-5.6730)	(1.5870)	(6.7640)	(4.7680)	(-2.1590)	(2.8880)
Size	0.0890***	0.0669***	0.0220***	-0.0890***	0.0007	0.1010***	0.0747***	0.0570***	0.0152**
	(6.5170)	(5.0500)	(3.5250)	(-7.2260)	(1.0826)	(12.7700)	(9.8200)	(4.9380)	(2.1270)
$Bankrt_{t-1}$	0.1310***	0.1220***	0.0093*	-0.0116	0.0062*	-0.0048	0.0539***	-0.0947***	-0.0286*
	(4.3850)	(4.1950)	(1.6810)	(-0.4270)	(1.3140)	(-0.2780)	(3.2270)	(-3.7370)	(-1.8220)
$Accbondprt_{t-1}$	0.0584*	0.0717**	0.0133*	0.1580***	0.0021	-0.0927***	0.0050	-0.1610***	0.1000***
	(1.6060)	(2.0290)	(1.7960)	(4.8270)	(0.0864)	(-4.3890)	(1.2470)	(-5.2410)	(5.2450)
$Othaccprt_{t-1}$	0.2120***	0.2350***	0.0228*	0.0142	-0.0058*	-0.0128	0.0844***	-0.1660***	0.0454*
	(4.1490)	(4.7320)	(1.9760)	(0.3080)	(-1.1700)	(-0.4310)	(2.9620)	(-3.8330)	(1.6940)

续表

模型变量	模型1 Bankrt	模型2 SHD	模型3 LOD	模型4 Accbondprt	模型5 Othaccprt	模型6 TD	模型7 STD	模型8 L/T	模型9 ReEarn
常数项	-1.7190***	-1.2170***	-0.5020***	2.3170***	0.0332	-1.8140***	-1.3200***	-1.1150***	-0.1560*
	(-5.7180)	(-4.1700)	(-3.6480)	(8.5370)	(0.1670)	(-10.4000)	(-7.8800)	(-4.3890)	(-1.9870)
时间固定效应	控制	控制	控制	控制	控制	控制	控制	控制	控制
F	10.36***	8.51***	2.77***	18.05***	1.65**	40.30***	20.80***	12.55***	6.74***
R^2	0.1190	0.1000	0.0350	0.1900	0.0210	0.3440	0.2130	0.1400	0.0810
企业数量	565	565	565	565	565	565	565	565	565
样本量	1967	1967	1967	1967	1967	1967	1967	1967	1967

注:括号内的值是 t 统计量;*表示在 10% 的显著性水平;**表示在 5% 的显著性水平;***表示在 1% 的显著性水平。
资料来源:作者基于 Stata 软件估计。

附录表 1 为第 4 章表 4 - 5 的完整回归结果。鉴于获取银行融资较高的企业受到的金融排斥程度较轻,这可能对结果造成偏差,第 4 章将银行融资占比高于 60% 的中小企业从本章样本中进行剔除,其占本章企业总量的 26.74%[1],对金融排斥的财务结构效应模型进行重新回归,完整的回归结果如表 1 所示,与主检验结果(如表 4 - 3 所示)基本一致,说明本书第 4 章所采用的样本符合稳健性的要求。

---

[1] 数据来源:作者根据 CSMAR 数据库"中小企业板"数据整理。

表 2 金融排斥与中小企业财务结构的 GMM 检验结果

模型变量	模型 1 Bankrt	模型 2 SHD	模型 3 LOD	模型 4 Accbondprt	模型 5 Othaccprt	模型 6 TD	模型 7 STD	模型 8 L/T	模型 9 ReEarn
金融排斥指标 (EI)									
EvaluativeE	0.0648**	0.0174**	0.0036	-0.0176*	0.0307**	0.00489**	0.0405**	0.0498	-0.0072*
	(2.3440)	(2.4020)	(1.4610)	(-1.7420)	(2.0010)	(2.2170)	(2.8560)	(1.8320)	(-1.4510)
AccessE	-0.0156*	-0.0424***	0.0542***	0.0301*	0.0697**	0.0139**	0.0586*	0.0610*	-0.0571*
	(-1.2920)	(-2.5330)	(3.0000)	(1.5800)	(2.4700)	(2.3750)	(1.2810)	(1.9650)	(-1.8530)
InformE	0.0001*	0.0002*	0.0003*	-0.0004*	-0.0004*	-0.0002*	-0.0004*	0.0004**	0.0003*
	(1.1540)	(1.6900)	(1.2880)	(-1.7730)	(-1.9250)	(-1.4130)	(-1.6800)	(2.4100)	(1.6880)
CondE	1.4799	-1.3808*	0.1721	0.8453*	0.2807*	2.1989*	-4.1274***	0.3375	-0.8042*
	(1.1700)	(-1.0600)	(0.1900)	(1.0500)	(1.5500)	(1.9000)	(-2.9100)	(0.3700)	(-1.8200)
SelfE	-0.1916*	-0.0144*	-0.0922	0.1794*	0.1003*	-0.1739*	-0.1326*	-0.1438*	-0.0335
	(-1.1700)	(-1.0900)	(-0.8100)	(1.7200)	(1.5400)	(-1.2900)	(-1.9900)	(-1.4100)	(-0.2900)
控制变量 (Z)									
EBIT	-0.0002	-0.0016**	0.0002*	0.0014**	-0.0001*	-0.0004*	-0.0002	-0.0001	0.0042***
	(-0.0902)	(-2.3630)	(1.5090)	(2.8130)	(-1.0773)	(-1.2240)	(-0.1470)	(-0.0521)	(4.2670)
Qckrt	-0.0167*	-0.0104***	0.0004	0.0133*	-0.0058*	-0.0092*	-0.0087**	0.00167*	0.0023
	(-1.8880)	(-6.5540)	(0.8170)	(1.5870)	(-1.4900)	(-1.1630)	(-1.4530)	(1.3250)	(0.9640)
Grow	-0.0004*	-0.0001	-0.0001	0.0002**	0.0003*	0.0005*	0.0002*	-0.0006*	-0.0005*
	(-1.5110)	(-0.2860)	(-0.4870)	(2.1870)	(1.7020)	(1.0400)	(1.5680)	(-1.0957)	(-1.4210)
CF	-0.0003	0.0001	-0.0001	0.0005*	-0.0001	0.0027*	0.0018	0.0001	-0.0003*
	(-0.1660)	(0.2220)	(-0.0986)	(1.3750)	(-1.1910)	(1.6590)	(1.2860)	(0.1970)	(-1.8480)

模型变量	模型1 Bankrt	模型2 SHD	模型3 LOD	模型4 Accbondprt	模型5 Othaccprt	模型6 TD	模型7 STD	模型8 L/T	模型9 ReEarn
$Fixass$	0.0003*	0.0007*	0.0001	-0.0011**	0.0002*	0.0022**	0.0008*	-0.0015	0.0005
	(1.1450)	(1.0710)	(0.1590)	(-2.5230)	(1.1490)	(2.8870)	(1.3450)	(-0.9770)	(0.5770)
$Size$	0.1050*	0.0221*	0.0171*	-0.0071	0.0381**	0.1480**	0.0890*	0.0450*	0.0167*
	(1.8310)	(1.3790)	(1.0000)	(-0.1160)	(2.9200)	(2.5590)	(1.5700)	(1.8330)	(1.6580)
$Bankrt_{t-1}$	0.7580***	0.0022*	0.0747*	-0.925***	0.0179*	-0.2230	0.1830*	-0.1780**	-0.3410**
	(4.2980)	(1.0256)	(1.7010)	(-4.5600)	(1.1500)	(-1.0340)	(1.0640)	(-2.0830)	(-2.3430)
$Accbondprt_{t-1}$	0.6550**	0.5870***	0.0443*	0.5170*	0.0159	-0.3040*	0.3990*	-0.4110***	0.0625*
	(2.2830)	(6.6760)	(1.7360)	(1.6230)	(0.1090)	(-1.4610)	(1.6560)	(-3.8070)	(1.4390)
$Othaccprt_{t-1}$	0.7190**	0.2210**	0.3490***	0.7780*	-0.2960*	-0.3490*	0.3610*	-0.366*	0.0592*
	(1.5790)	(1.2000)	(6.2470)	(1.6800)	(-1.2290)	(-1.0040)	(1.1380)	(-2.2840)	(1.2580)
常数项	-2.3300*	-0.6480*	-0.4130*	0.2820*	0.8410	-3.0970**	-1.7620*	-0.4350*	-0.0864
	(-1.6830)	(-1.7920)	(-1.0700)	(1.1960)	(0.8910)	(-2.3830)	(-1.3650)	(-1.7910)	(-0.1560)
AR(1)	-9.9600	-9.1700	-4.6200	-9.3000	-6.2600	-4.7900	-6.0400	-6.2600	-3.1100
	[0.0000]	[0.0000]	[0.0000]	[0.0000]	[0.0000]	[0.0000]	[0.0000]	[0.0000]	[0.0020]
AR(2)	0.4000	0.2000	-0.5100	-0.2900	0.8500	-1.4100	0.4500	-1.2600	0.6200
	[0.6880]	[0.8410]	[0.6120]	[0.7720]	[0.3960]	[0.1580]	[0.6510]	[0.2070]	[0.5330]
Sargan 检验	65.1200	40.1900	151.7600	253.3200	153.9900	87.8800	49.1800	277.2800	349.5000
	[0.0070]	[0.0200]	[0.0000]	[0.0000]	[0.0000]	[0.0000]	[0.0350]	[0.0000]	[0.0000]
企业数量	646	646	646	646	646	646	646	646	646
样本量	2685	2685	2685	2685	2685	2685	2685	2685	2685

注：圆括号内的值是t统计量；方括号内的值是p统计量；*表示在10%的显著性水平；**表示在5%的显著性水平；***表示在1%的显著性水平。

资料来源：作者基于Stata软件估计。

附录表 2 为第 4 章表 4－6 的完整回归结果。针对第 4 章模型中金融排斥指标、企业自身变量（如盈利能力、成长性）与财务结构变量之间可能存在反向因果关系，本章对模型进行了 GMM 两步回归，完整的回归结果如附录表 2 所示。如表 2 所示，金融排斥对企业财务结构的 GMM 检验结果 $AR(1)$ 的 $p<0.1$，$AR(2)$ 的 $p>0.1$，并且通过了 Sargan 检验，说明金融排斥指标对企业财务结构的系统 GMM 检验结果是稳健的。与本书第 4 章主检验结果相比没有发生实质性的改变，我们认为本书金融排斥的财务结构效应的模型设定是稳健的。

表 3　金融排斥与中小企业财务结构回归结果（技术变量替代稳健性检验）

模型变量	模型 1 Bankrt	模型 2 SHD	模型 3 LOD	模型 4 Accbondprt	模型 5 Othaccprt	模型 6 TD	模型 7 STD	模型 8 L/T	模型 9 ReEarn
金融排斥指标（EI）									
EvaluativeE	0.0490*	0.0603**	0.0113	-0.0275	0.0029*	0.0294**	0.0396***	0.0118	-0.0067
	(1.9460)	(2.4840)	(1.8550)	(-1.3840)	(1.2330)	(2.3280)	(3.0280)	(1.6020)	(-1.6270)
AccessE	-0.1240*	-0.2020***	0.0772*	0.0374*	0.0323*	0.0774**	0.0478*	0.0785*	-0.0411*
	(-1.6480)	(-2.7730)	(1.9560)	(1.6280)	(1.8580)	(2.0500)	(1.2210)	(1.3320)	(-1.2780)
$InformE_2$	0.0003*	0.0002*	0.0001*	-0.0005**	-0.0004*	-0.0007*	-0.0006*	0.0003*	0.0006*
	(1.2350)	(1.133)	(1.2040)	(-1.5320)	(-1.1010)	(-1.1790)	(-1.917)	(1.3340)	(1.2910)
CondE	0.2755	-0.7497*	1.0251	0.0137*	1.1646*	0.8905	-0.4308	0.7867	-0.4023*
	(0.1900)	(-1.5400)	(1.3600)	(1.0100)	(1.5000)	(1.0300)	(-0.5300)	(0.7000)	(-1.4400)
SelfE	-0.1539*	-0.1140*	-0.0398	0.0074	0.1184**	-0.1471**	-0.0856*	-0.1290*	-0.0374
	(-1.5800)	(-1.2100)	(-0.7800)	(0.1000)	(2.2600)	(-2.5100)	(-1.5600)	(-1.7100)	(-0.6100)

续表

模型变量	模型1 Bankrt	模型2 SHD	模型3 LOD	模型4 Accbondprt	模型5 Othuccprt	模型6 TD	模型7 STD	模型8 L/T	模型9 ReEarn
控制变量（Z）									
EBIT	-0.0002	-0.0004*	0.0002*	0.0002*	-0.0004**	-0.0019***	-0.0014***	-0.0003*	0.0018***
	(-0.6360)	(-1.3250)	(1.2250)	(1.761)	(-2.3840)	(-11.1600)	(-8.2260)	(-1.0610)	(12.6200)
Qckrt	-0.0131***	-0.0132***	0.0001	0.0065***	-0.0012*	-0.0042***	-0.0048***	0.0038***	0.0001
	(-10.9400)	(-11.4700)	(0.1910)	(6.8660)	(-1.9310)	(-6.9920)	(-7.7520)	(4.0970)	(0.2830)
Grow	-0.0001*	-0.0001	-0.0001	0.0001*	0.0001*	0.0002**	0.0002***	-0.0001*	-0.0002***
	(-1.1080)	(-0.7680)	(-0.7040)	(1.0770)	(1.1020)	(2.9760)	(3.6780)	(-1.6100)	(-3.2180)
CF	-0.0001	0.0001	-0.0001	0.0005**	-0.0001	0.0001	0.0001	0.0001	-0.0005***
	(-0.3400)	(0.0607)	(-0.7620)	(2.0020)	(-0.8080)	(0.2000)	(0.2330)	(0.1940)	(-3.7730)
Fixass	0.0011*	0.0005	0.0006*	-0.0012***	0.0004*	0.0025***	0.0023***	-0.0001	0.0001
	(1.9170)	(0.9520)	(1.9120)	(-2.7290)	(1.4570)	(8.8350)	(7.8470)	(-0.1970)	(0.4270)
Size	0.0724***	0.0474***	0.0250***	-0.0769***	0.0085**	0.0887***	0.0517***	0.0568***	0.0139**
	(4.4010)	(2.9940)	(2.9030)	(-5.9160)	(1.036)	(10.7700)	(6.0520)	(4.4240)	(1.9920)
$Bankrt_{t-1}$	0.1170***	0.0834**	0.0332*	-0.0189	0.0182	-0.0060	0.0434**	-0.0763**	-0.0126
	(3.0290)	(2.2490)	(1.6490)	(-0.6220)	(0.9490)	(-0.3110)	(2.1720)	(-2.5400)	(-0.7680)
$Accbondprt_{t-1}$	0.1140**	0.0829*	0.0309*	0.0653*	0.0139	-0.0576**	0.0062	-0.1020***	0.0318*
	(2.4210)	(1.8320)	(1.2570)	(1.7610)	(0.5920)	(-2.4490)	(0.2530)	(-2.7900)	(1.5890)

185

续表

模型变量	模型1 Bankrt	模型2 SHD	模型3 LOD	模型4 Accbondprt	模型5 Ohaccprt	模型6 TD	模型7 STD	模型8 L/T	模型9 ReEarn
$Ohaccprt_{t-1}$	0.3100***	0.2720***	0.0375*	0.0008	-0.1320***	-0.0323	0.0168	-0.0718*	0.0446*
	(4.7690)	(4.3510)	(1.1050)	(0.0160)	(-4.0550)	(-0.9930)	(0.4990)	(-1.4160)	(1.6110)
常数项	-1.2040***	-0.6760*	-0.5280***	2.0070***	0.1760	-1.5280***	-0.8380***	-1.0320***	-0.1290
	(-3.2980)	(-1.9220)	(-2.7670)	(6.9650)	(0.9660)	(-8.3650)	(-4.4220)	(-3.6220)	(-1.8310)
时间固定效应	控制	控制	控制	控制	控制	控制	控制	控制	控制
F	14.4000***	10.2400***	4.1100***	20.0000***	1.5600*	46.2000***	25.2900***	14.6300***	17.4400***
R^2	0.1137	0.0836	0.0353	0.1512	0.0137	0.2915	0.1838	0.1153	0.1344
企业数量	646	646	646	646	646	646	646	646	646
样本量	2685	2685	2685	2685	2685	2685	2685	2685	2685

注:括号内的值是 t 统计量。为了保证技术条件排斥指标的稳健性,本书第 4 章用工信部信息化推进司"区域'两化'融合水平评估企业调查数据"中"信息化发展指数"替代"企业信息化应用指数",对本书第 4 章的模型重新进行了回归,技术排斥指标替代变量用 $InformE_2$ 表示,完整的回归结果如附录表 3 所示,与表 4-3 中结果相比没有发生实质性改变,说明本书第 4 章所采用的技术条件排斥度量变量指标是稳健的。

注:括号内的值是 t 统计量;*表示在 10% 的显著性水平;**表示在 5% 的显著性水平;***表示在 1% 的显著性水平。

资料来源:作者基于 Stata 软件估计。

附录表 3 为第 4 章表 4-7 的完整回归结果。

表4 改变缩尾程度与进行变量替代的稳健性检验结果

模型变量		(1)	(2)	(3)	(4)
		$AveReaWage_{u2}$	$AveReaWage_{u3}$	$AveReaWage$	$PerReaRegPro$
EI	EvaluativeE	0.004*	0.001*	0.01*	0.02**
		(1.36)	(1.07)	(1.56)	(2.07)
	AccessE	−0.04**	−0.07*	−0.03**	−0.02**
		(−2.53)	(−1.98)	(−2.50)	(−2.10)
	InformE	0.001*	0.002*		0.001*
		(1.62)	(1.53)		(1.95)
	CondE	−0.42	−0.91	−0.27	−0.77
		(−0.41)	(−0.83)	(−0.26)	(−0.99)
	SelfE	−0.11*	−0.16*	−0.07*	−0.07*
		(−1.67)	(−1.69)	(−1.24)	(−1.65)
	$InformE_2$			0.003*	
				(1.77)	
S	Fixass	0.01	0.10	0.01	0.06
		(0.30)	(1.97)	(1.17)	(1.72)
	Ind1	−0.12	−0.12	−0.08	−0.34
		(−0.55)	(−0.52)	(−0.37)	(−1.04)
	Ind2	0.36*	0.11*	0.53*	0.22*
		(1.74)	(1.25)	(1.09)	(1.60)
	Ind3	0.20*	0.12*	0.36*	0.09*
		(1.38)	(1.24)	(1.70)	(1.23)
	Density	0.05	0.31*	0.07*	0.05*
		(0.32)	(1.84)	(1.42)	(1.41)
	NonstatEmploy	0.06**	0.05**	0.06**	0.04**
		(2.35)	(2.90)	(2.43)	(2.20)
	Forinv	0.02	1.18	0.02	0.30
		(0.03)	(1.72)	(0.03)	(0.70)
	HumCapital	0.04***	0.01**	0.05***	0.01**
		(3.01)	(2.394)	(3.50)	(2.66)

模型变量		(1)	(2)	(3)	(4)
		$AveReaWage_{w2}$	$AveReaWage_{w3}$	$AveReaWage$	$PerReaRegPro$
S	Fisexp	0.16 **	0.18 ***	0.16 **	0.28 ***
		(2.24)	(3.47)	(2.19)	(4.99)
	C（常数项）	9.14 ***	8.70 ***	9.26 ***	7.72 ***
		(13.52)	(14.33)	(13.25)	(14.39)
时间固定效应		控制	控制	控制	控制
$R-sq$		95.80%	94.90%	95.80%	98.20%
省份数		31	31	31	31
样本量		155	155	155	155

注：括号内的值是 t 统计量；*表示在10%的显著性水平；**表示在5%的显著性水平；***表示在1%的显著性水平。

资料来源：作者基于 Stata 软件估计。

附录表4为第6章表6-8的完整回归结果。为了保证地区经济增长指标的稳健性，本书第6章采用实际人均地区生产总值替代平均实际工资，作为地区经济增长的代理变量，重新进行回归，得到的完整回归结果如附录表4模型（4）所示。其中，"实际人均地区生产总值"用 $PerReaRegPro$ 表示，回归结果显示，采用实际人均地区生产总值替代原地区经济增长指标（平均实际工资）之后的回归结果与主检验结果相比没有发生实质性的改变，说明本书第6章所采用的地区经济增长指标是稳健的。

参考文献

[1] 艾洪德，徐明圣，郭凯．我国区域金融发展与区域经济增长关系的实证分析 [J]．财经问题研究，2004，24（7）：26－32．

[2] 白钦先．白钦先经济金融文集 [M]．北京：中国金融出版社，1999．

[3] 白石．中小企业融资问题讨论综述 [J]．经济理论与经济管理，2004，(9)：75－79．

[4] 蔡昉，都阳．中国地区经济增长的趋同与差异——对西部开发战略的启示 [J]．经济研究，2002，(10)：30－37．

[5] 陈道富．我国融资难融资贵的机制根源探究与应对 [J]．金融研究，2015，416（2）：45－52．

[6] 陈莎，蒋莉莉，周立．中国农村金融地理排斥的省内差异——基于"地理金融密度不平等系数"衡量指标 [J]．银行家，2012，(8)：108－111．

[7] 陈莎，周立．中国农村金融地理排斥的空间差异——基于"金融密度"衡量指标体系的研究 [J]．银行家，2012，(7)：106－109．

[8] 陈雨露，马勇，杨栋．农户类型变迁中的资本机制：假说与实证 [J]．金融研究，2009，346（4）：52－62．

[9] 崔满红．金融资源理论研究（二）：金融资源 [J]．城市金融论坛，1999，(5)：10－15．

[10] 刁怀宏．农村金融空洞化的成因及其破解：信贷合约交易的分析 [J]．中国农村经济，2007，(8)：15－22．

[11] 董先安．浅释中国地区收入差距：1952—2002 [J]．经济研究，2004，(9)：48－59．

[12] 董晓林，徐虹．我国农村金融排斥影响因素的实证分析——基于县域金融机构网点分布的视角 [J]．金融研究，2012，387（9）：115－126．

[13] 杜传忠，郭树龙．中国产业结构升级的影响因素分析——兼论后金融危

189

机时代中国产业结构升级的思路 [J]. 广东社会科学，2011，（4）：60 - 66.

[14] 傅进，吴小平. 金融影响产业结构调整的机理分析 [J]. 金融纵横，2005，（2）：30 - 34.

[15] 傅晓霞，吴利学. 全要素生产率在中国地区差异中的贡献：兼与彭国华和李静等商榷 [J]. 世界经济，2006，（9）：12 - 22.

[16] 干春晖，郑若谷，余典范. 中国产业结构变迁对经济增长和波动的影响 [J]. 经济研究，2011，（5）：4 - 16.

[17] 高沛星，王修华. 我国农村金融排斥的区域差异与影响因素——基于省级面板数据的实证分析 [J]. 农业技术经济，2011，（4）：93 - 102.

[18] [美] 戈德史密斯 L. W. 金融结构与金融发展 [M]. 周朔，郝金城等译. 上海：上海人民出版社，1996.

[19] 格利 J. G. 经济发展中的金融方面 [J]. 美国经济评论，1955，（9）.

[20] [美] 格利 J. G.，肖 E. S. 金融理论中的货币 [M]. 贝多广译. 上海：上海人民出版社，2006.

[21] 郭明，钱筝筝，黄顺绪. 我国银行信贷对三次产业增长贡献度的差异研究 [J]. 产业经济研究，2009，38 (1)：26 - 32.

[22] 国务院发展研究中心金融研究所货币政策传导机制研究组. 中国银行体系贷款供给的决定及其对经济波动的影响 [J]. 金融研究，2003，278 (8)：19 - 35.

[23] 韩颖，倪树茜. 我国产业结构调整的影响因素分析 [J]. 经济理论与经济管理，2011，（12）：53 - 60.

[24] 何德旭，饶明. 金融排斥性与我国农村金融市场供求失衡 [J]. 湖北经济学院学报，2007，5 (5)：54 - 60.

[25] 何德旭，姚战琪. 中国产业结构调整的效应、优化升级目标和政策措施 [J]. 中国工业经济，2008，242 (5)：46 - 56.

[26] 洪锡熙，沈艺峰. 我国上市公司资本结构影响因素的实证分析 [J]. 厦门大学学报（哲学社会科学版），2000，143 (3)：114 - 120.

[27] 洪银兴. WTO 条件下贸易结构调整和产业升级 [J]. 管理世界，2001，（2）：21 - 26.

[28] 黄贵海，宋敏. 资本结构的决定因素——来自中国的证据 [J]. 经济学（季刊），2004，3 (2)：395 - 414.

［29］黄阳华，罗仲伟．我国劳动密集型中小企业转型升级融资支持研究——最优金融结构的视角［J］．经济管理，2014，36（11）：1 – 13.

［30］姜旭朝，张晓燕．山东省金融资源和宏观经济关系的实证研究［J］．科学与管理，2008，（5）：33 – 35.

［31］焦瑾璞，周诚君．发展我国农村金融市场的八大理论争论［J］．河南金融管理干部学院学报，2004，117（3）：1 – 3.

［32］焦瑾璞．构建普惠金融体系的重要性［J］．中国金融，2010，（10）：12 – 13.

［33］焦瑾璞，黄亭亭，汪天都，张韶华，王瑱．中国普惠金融发展进程及实证研究［J］．上海金融，2015，（4）：12 – 22.

［34］李春霄，贾金荣．我国金融排斥程度研究——基于金融排斥指数的构建与测算［J］．当代经济科学，2012，34（2）：9 – 15.

［35］李建军．中国普惠金融体系：理论、发展与创新［M］．北京：知识产权出版社，2014.

［36］李建军，张丹俊．中小企业金融排斥程度的省域差异［J］．经济理论与经济管理，2015，（8）：92 – 103.

［37］李猛．金融宽度和金融深度的影响因素：一个跨国分析［J］．南方经济，2008，（5）：56 – 67.

［38］李娜，王飞．中国主导产业演变及其原因研究：基于 DPG 方法［J］．数量经济技术经济研究，2012，（1）：19 – 33.

［39］李善同，侯永志，冯杰，何建武，宣晓伟．我国地区差距的历史、现状和未来［J］．改革，2004，（5）：5 – 18.

［40］李涛，王志芳，王海港，谭松涛．中国城市居民的金融受排斥状况研究［J］．经济研究，2010，（7）：15 – 30.

［41］林民书，韩润娥．我国第三产业发展滞后的原因及结构调整［J］．厦门大学学报（哲学社会科学版），2005，167（1）：111 – 118.

［42］林毅夫，刘明兴．中国的经济增长收敛与收入分配［J］．世界经济，2003，（8）：3 – 14.

［43］刘萍．中国中小企业金融制度调查报告［J］．经济导刊，2005，（4）：12 – 23.

［44］刘涛．中国经济波动的信贷解释：增长与调控［J］．世界经济，2005，（12）：24 – 31.

191

[45] 刘夏明，魏英琪，李国平. 收敛还是发散？——中国区域经济发展争论的文献综述 [J]. 经济研究，2004，(7)：70-81.

[46] 卢峰，姚洋. 金融压抑下的法治、金融发展和经济增长 [J]. 中国社会科学，2004，(1)：42-55.

[47] 罗仲伟，贺俊. 中小企业融资面临新形势 [J]. 中国国情国力，2013，(7)：18-20.

[48] 马九杰，沈杰. 中国农村金融排斥态势与金融普惠策略分析 [J]. 农村金融研究，2010，(7)：5-10.

[49] [美] 麦金农 R. I. 经济发展中的货币与资本 [M]. 卢骢译. 上海：上海人民出版社，1997.

[50] 米运生，谭莹. 中国信贷资本配置效率的空间差异：基于四大区域及省级面板数据的实证分析 [J]. 财经理论与实践，2007，149 (5)：31-37.

[51] 全国工商联课题组. 把解决企业融资问题的政策着力点放在小型企业上——中小企业融资问题调查报告 [J]. 经济理论与经济管理，2010，(4)：33-40.

[52] 史建平，杨如冰，周欣. 中小企业商业信用地位与资产规模相关性研究 [J]. 财贸经济，2010，(11)：34-39.

[53] 孙铮，刘凤委，李增泉. 市场化程度、政府干预与企业债务期限结构——来自我国上市公司的经验证据 [J]. 经济研究，2005，(5)：52-63.

[54] 陶君道，高新才. 区域经济发展不平衡与金融资源分布的关系研究 [J]. 甘肃金融，2007，(6，7)：12-16.

[55] 田霖. 我国金融排除空间差异的影响要素分析 [J]. 财经研究，2007，33 (4)：107-119.

[56] 托玛斯 赫尔曼，凯文 穆尔多克，约瑟夫 斯蒂格利茨. 金融约束：一个新的分析框架 [J]. 经济导刊，1997，(5)：42-47.

[57] 万广华，陆铭，陈钊. 全球化与地区间收入差距：来自中国的证据 [J]. 中国社会科学，2005，(3)：17-26.

[58] 王纪全，张晓燕，刘全胜. 中国金融资源的地区分布及其对区域经济增长的影响 [J]. 金融研究，2007，324 (6)：100-108.

[59] 王金照，王金石. 工业增加值率的国际比较及启示 [J]. 经济纵横，2012，(8)：30-35.

[60] 王景武. 金融发展与经济增长：基于中国区域金融发展的实证分析 [J].

財貿經济, 2005, (10): 23-26.

[61] 王美今, 沈绿珠. 外商直接投资与区域产业结构变动的关联效应 [J]. 统计研究, 2001, (2): 20-24.

[62] 王小鲁, 樊纲. 中国地区差距的变动趋势和影响因素 [J]. 经济研究, 2004, (1): 33-44.

[63] 王修华, 马柯, 王翔. 关于我国金融排斥状况的评价 [J]. 理论探讨, 2009, 179 (5): 68-72.

[64] 王修华, 傅勇, 贺小金, 谭开通. 中国农户受金融排斥状况研究——基于我国 8 省 29 县 1547 户农户的调研数据 [J]. 金融研究, 2013, (7): 139-152.

[65] 王霄, 张捷. 银行信贷配给与中小企业贷款——一个内生化抵押品和企业规模的理论模型 [J]. 经济研究, 2003, (7): 68-75.

[66] 王秀祥, 张建方. 中小企业财务结构与债务融资——基于浙江的实证研究 [J]. 管理评论, 2012, 24 (7): 99-109.

[67] 王志军. 金融排斥: 英国的经验 [J]. 世界经济研究, 2007, (2): 64-68.

[68] 魏后凯. 论我国区际收入差异的变动格局 [J]. 经济研究, 1992, (4): 61-65.

[69] 吴进红. 对外贸易与长江三角洲地区的产业结构升级 [J]. 国际贸易问题, 2005, (4): 58-62.

[70] 吴敬琏. 中国增长模式抉择 (增订版) [M]. 上海: 上海远东出版社, 2008.

[71] 肖 E. S. 金融中介机构与储蓄——投资过程 [J]. 金融杂志, 1956, (5).

[72] [美] 肖 E. S. 经济发展中的金融深化 [M]. 邵伏军, 许晓明, 宋先平译. 上海: 上海人民出版社, 2015.

[73] 夏维力, 郭霖麟. 我国东、西部中小企业金融排斥状况研究 [J]. 哈尔滨商业大学学报 (社会科学版), 2012, 125 (4): 3-9.

[74] 肖泽忠, 邹宏. 中国上市公司资本结构的影响因素和股权融资偏好 [J]. 经济研究, 2008, (6): 119-144.

[75] 许召元, 李善同. 近年来中国地区差距的变化趋势 [J]. 经济研究, 2006, (7): 106-116.

[76] 许圣道, 田霖. 我国农村地区金融排斥研究 [J]. 金融研究, 2008, 337 (7): 195-206.

［77］姚树洁，冯根福，韦开蕾. 外商直接投资和经济增长的关系研究［J］. 经济研究，2006，（12）：35－46.

［78］姚先国，张海峰. 教育、人力资本与地区经济差异［J］. 经济研究，2008，（5）：47－57.

［79］杨德勇，董左卉子. 资本市场发展与我国产业结构升级研究［J］. 中央财经大学学报，2007，（5）：45－50.

［80］杨其静，李小斌. 中小板企业财务结构的决定：一个实证研究［J］. 江苏社会科学，2010，（1）：65－72.

［81］尹志超，钱龙，吴雨. 银企关系、银行业竞争与中小企业借贷成本［J］. 金融研究，2015，415（1）：134－149.

［82］张旭，伍海华. 论产业结构调整中的金融因素［J］. 当代财经，2002，206（1）：52－56.

［83］中国人民银行银川中心支行课题组. 区域经济增长的不平衡与金融资源分布之间的关系——以宁夏为例［J］. 金融研究，2007，328（10）：178－190.

［84］周科，王钊. 西部农村金融服务缺失的生成机理研究——以重庆市为例［J］. 经济问题，2010，（5）：91－94.

［85］周立，王子明. 中国各地区金融发展与经济增长实证分析：1978－2000［J］. 金融研究，2002，268（10）：1－13.

［86］周少甫，王伟，董登新. 人力资本与产业结构转化对经济增长的效应分析——来自中国省级面板数据的经验证据［J］. 数量经济技术经济研究，2013，（8）：65－77.

［87］周叔莲，王伟光. 科技创新与产业结构优化升级［J］. 管理世界，2001，（5）：70－78.

［88］周肇光. 金融伦理文献研究内涵的把握及发展趋势［J］. 河北经贸大学学报，2011，32（2）：46－51.

［89］Akerlof G. A. The market for 'lemons': Quality uncertainty and the market mechanism［J］. Quarterly Journal of Economics, 1970, 84: 488－500.

［90］Allen F., Qian J., Qian M. Law, Finance and Economic Growth in China［J］. Journal of Financial Economics, 2005, 77（1）: 57－116.

［91］Anderloni L., Bayot B., Bledowski P., Iwanicz－Drozdowska M., Kempson E. Financial Services Provision and Prevention of Financial Exclusion［R］. Brussels, European Commission, 2008.

［92］ ANZ. A Report on Financial Exclusion in Australia ［R］. Australia and New Zealand Banking Group Limited, 2004.

［93］ Argent N. , Rolly F. Lopping the Branches: Bank Branch Closure and Rural Australian Communities ［M］. Sydney: UNSW Press, 2000.

［94］ Atanasova C. V. , Wilson N. Disequilibrium in the UK Corporate Loan Market ［J］. Journal of Banking and Finance, 2004, 28 (3): 595 – 614.

［95］ Baumol W. J. Productivity Growth, Convergence, and Welfare: What the Long – run Data Show ［J］. The American Economic Review, 1986: 1072 – 1085.

［96］ Beck T. , Torre Augusto de la. The Basic Analytics of Access to Financial Services ［J］. The World Bank Report, 2006: 80 – 88.

［97］ Bergen A. N. , Udell G. F. The Economical of Small Business Finance: the Role of Private Equity and Debt Markets in the Financial Growth Cycle ［J］. Journal of Banking and Finance, 1998, 22 (6): 613 – 673.

［98］ Berlin, M. , Mester L. J. On the Profitability and Cost of Relationship Lending ［J］. Journal of Banking & Finance, 1998, 22 (6): 873 – 897.

［99］ Bhaird C. M. A. , Lucey B. Determinants of Capital Structure in Irish SMEs ［J］. Small Business Economics, 2010, 35 (3): 357 – 375.

［100］ Bridgeman J. S. Vulnerable Consumers and Financial Services ［R］. The Report of the Director General's Inquiry, Office of Fair Trading, January, 1999.

［101］ Buckland J. , Dong X. Y. Banking on the Margin in Canada ［J］. Economic Development Quarterly, 2008, 22 (3): 252 – 263.

［102］ Byrne N. , McCarthy I. The Dialectical Structure of Hope and Despair: A Fifth Province Approach ［J］. Hope and Despair in Narrative and Family Therapy: Adversity, Forgiveness and Reconciliation, 2007: 36 – 48.

［103］ Cassar G. , Holmes S. Capital Structure and Financing of SMEs: Australian Evidence ［J］. Accounting and Finance, 2003, 43 (2): 123 – 147.

［104］ Cebulla A. A Geography of Insurance Exclusion: Perceptions of Unemployment Risk and Actuarial Risk Assessment ［J］. Area, 1999, 31 (2): 111 – 121.

［105］ Chakravarty S. R. Regional Variation in Banking Services and Social Exclusion ［J］. Regional Studies, 2006, 40 (4): 415 – 428.

［106］ Chakravarty S. R. , Pal R. Measuring Financial Inclusion: An Axiomatic Approach ［R］. Indira Gandhi Institute of Development Research, Mumbai,

March, 2010.

[107] Chen B. , Feng Y. , Determinants of Economic Growth in China: Private Enter-prise, Education, and Openness [J]. China Economic Review, 2000, 11 (1): 1 – 15.

[108] Chenery H. B. , Syrquin M. , Elkington H. Patterns of development, 1950 – 1970 [M]. London: Oxford University Press, 1975.

[109] Chow G. , Lin A. Accounting for Economic Growth in Taiwan and Mainland China: A Comparative Analysis [J]. Journal of Comparative Economics, 2002, 30 (3): 507 – 530.

[110] Clark C. The Conditions of Economic Progress [M]. Macmillan, 1957.

[111] Collard S. , Kempson E. , Whyley C. Tackling Financial Exclusion: An Area – based Approach [M]. Bristol: The Policy Press, 2001.

[112] De Koker L. Money Laundering Control and Suppression of Financing of Terror-ism: Some Thoughts on the Impact of Customer Due Diligence Measures on Fi-nancial Exclusion [J]. Journal of Financial Crime, 2006, 13 (1): 26 – 50.

[113] Demurger S. Infrastructure development and economic growth: an explanation for regional disparities in China [J]. Journal of Comparative economics, 2001, 29 (1): 95 – 117.

[114] Devlin J. F. A Detailed Study of Financial Exclusion in the UK [J]. Journal of Consumer Policy, 2005, 28 (1): 75 – 108.

[115] Dow J. , da Costa Werlang S. R. Uncertainty Aversion, Risk Aversion, and the Optimal Choice of Portfolio [J]. Journal of the Econometric Society, 1992, 60 (1): 197 – 204.

[116] Fleisher, B. M. , Chen J. The Coast – Noncoast Income Gap, Productivity and Regional Economic Policy in China [J]. Journal of Comparative Economics, 1997, 25 (2): 220 – 236.

[117] Fujita M. , Hu D. Regional disparity in China 1985 – 1994: the Effects of Globalization and Economic Liberalization [J]. The Annals of Regional Sci-ence, 2001, 35 (1): 3 – 37.

[118] Fuller D. Credit Union Development: Financial Inclusion and Exclusion [J]. Geoforum, 1998, 29 (2): 145 – 157.

[119] Ge Y. , Qiu J. Financial Development, Bank Discrimination and Trade Credit

[J]. Journal of Banking and Finance, 2007, 31 (2): 513 –530.

[120] Gloukoviezoff G. From Financial Exclusion to Over – indebtedness: The Paradox of Difficulties for People on Low Income [M]. Springer Berlin Heidelberg, 2007.

[121] Gonzalez – Vega C. Credit Rationing Behavior of Agricultural Lenders: the Iron Law of Interest Rate Restrictions [R]. Economic Development Institute World Bank, Discussion Paper No. 9, 1982.

[122] Gracia J. L. , Mira F. S. Pecking order Versus Trade – off: An Empirical Approach to the Small and Medium Enterprise Capital Structure [J]. IVIE Working Paper, 2003, 9: 1 –36.

[123] Gruber M. J. Warner J. B. Bankruptcy Costs: Some Evidence [J]. The Journal of Finance, 1977, 32 (2): 337 –347.

[124] Hall G. C. , Hutchinson P. J. , Michaelas N. Industry Effects on the Determinants of Unquoted SMEs' Capital Structure [J]. International Journal of the Economics of Business, 2000, 7 (3): 297 –312.

[125] Hall G. C. , Hutchinson P. J. , Michaelas N. Determinants of the Capital Structures of European SMEs [J]. Journal of Business Finance & Accounting, 2004, 31 (5): 711 –728.

[126] Huang M. , Li J. Technology Choice, Upgrade of Industrial Structure and Economic Growth [J]. Economic Research Journal, 2009, 7: 143 –151.

[127] Hyytinen A. , Pajarinen M. Small Business Finance in Finland: A Descriptive Study [R]. ETLA Discussion Papers, the Research Institute of the Finish Economy (ETLA), 2002.

[128] Jordan J. , Lowe J. , Taylor P. Strategy and Financial Policy in UK Small Firms [J]. Journal of Business & Accounting, 1998, 25 (1 –2): 1 –27.

[129] Kashyap A. K. , Stein J. C. , Wilcox D. W. Monetary Policy and Credit Condition: Evidence from the Composition of External Finance [J]. The American Economic Review, 1993, 83 (1): 78 –98.

[130] Kempson E. In or Out? Financial Exclusion: A Literature and Research Review [M]. FSA (Financial Services Authority), 2000.

[131] Kempson E. , Whyley C. Kept Out or Opted Out? Understanding and Combating Financial Exclusion [M]. Bristol (United Kingdom): The Policy

Press, 1999.

[132] Kempson E. , Atkinson A. , Pilley O. Policy Level Response to Financial Ex-
clusion in Developed Economies: Lessons for Developing Countries [R]. Re-
port of Personal Finance Research Centre, University of Bristol, 2004.

[133] Laureano L. , Urbano H. , Laureano R. M. S. Debt Maturity Structure: Evi-
dence from Greece, Ireland, Italy, Portugal and Spain [J]. Proceedings of
the XXII Jornadas Luso – Espanholas de Gestão Científica, 2012: 1 – 15.

[134] Lee J. Regional income inequality variations in China [J]. Journal of Eco-
nomic Development, 1995, 20 (2): 99 – 118.

[135] Leyshon A. , Thrift N. The Restructuring of the UK Financial Services Industry
in the 1990s: A Reversal of Fortune [J]. Journal of Rural Studies, 1993, 9
(3): 223 – 241.

[136] Leyshon A. , Thrift N. Access to Financial Services and Financial Infrastructure
Withdrawal: Problems and Policies [J]. Area, 1994, 26 (3): 268 – 275.

[137] Leyshon A. , Thrift N. Geographies of Financial Exclusion: Financial Abandon-
ment in Britain and the United States [J]. Transactions of the Institute of
British Geographers, 1995, 20 (3): 312 – 341.

[138] Leyshon A. , Thrift N. Money/space: Geographies of Monetary Transformation
[M]. Psychology Press, 1997.

[139] Li W. Optimization of Industrial Structure and Employment Growth [J]. Con-
temporary Finance & Economics, 2012, 3: 3.

[140] Lind D. , Marchal W. , Wathen S. Statistical Techniques in Business and Eco-
nomics with Global Data Sets [M]. McGraw – Hill Irwin, 2007.

[141] Link C. A Report on Financial Exclusion in Australia [R]. Melbourne,
ANZ, 2004.

[142] Loury G. C. Discrimination in the Post – civil Rights Era: Beyond Market In-
teractions [J]. The Journal of Economic Perspectives, 1998, 12 (2): 117 –
126.

[143] Lucas R. E. On the Mechanics of Economic Development [J]. Journal of
Monetary Economics, 1988, 22 (1): 3 – 42.

[144] Machlup F. The Production and Distribution of Knowledge in the United States
[M]. Princeton University Press, 1962.

[145] Marsh P. The Choice between Equity and Debt: an Empirical Study [J]. The Journal of Finance, 1982, 37 (1): 121 – 144.

[146] Mayo E. Policy Responses to Financial Exclusion [J]. Financial Exclusion: Can Mutuality Fill the Gap, 1997: 17 – 20.

[147] Michaelas N. , Chittenden F. , Poutziouris P. Financial Policy and Capital Structure Choice in UK SMEs: Empirical Evidence from Company Panel Data [J]. Small Business Economics, 1999, 12 (2): 113 – 130.

[148] Morrison P. S. , O'Brien R. Bank Branch Closures in New Zealand: The Application of a Spatial Interaction Model [J]. Applied Geography, 2001, 21 (4): 301 – 330.

[149] Myers S. C. Determinants of Corporate Borrowing [J]. Journal of Financial Economics, 1977, 5 (2): 147 – 175.

[150] Myers S. C. Financing of Corporations [J]. Handbook of the Economics of Finance, 2003, 1: 215 – 253.

[151] Myrdal G. Asian Drama: An Inquiry into the Poverty of Nations [M]. Pantheon, 1968, 2.

[152] Nathan H. S. K. , Mishra S. , Reddy B. S. An Alternative Approach to Measure HDI [R]. Indira Gandhi Institute of Development Research, 2009.

[153] Ozkan A. Determinants of Capital Structure and Adjustment to Long Run Target: Evidence from UK Company Panel Data [J]. Journal of Business Finance and Accounting, 2001, 28 (1 – 2): 175 – 198.

[154] Pagano M. Financial Markets and Growth: An Overview [J]. European Economic Review, 1993, 37 (2 – 3): 613 – 622.

[155] Panigyrakis G. G. , Theodoridis P. K. , Veloutsou C. A. All Customers are not Treated Equally: Financial Exclusion in Isolated Greek Island [J]. Journal of Financial Services Marketing, 2002, 7 (1): 54 – 66.

[156] Porat M. U. The Information Economy: Definition and Measurement [M]. Office of Telecommunications Special Publication, Washington, DC: U. S. , Department of Commerce, 1977.

[157] Patrick, H. T. Financial Development and Economic Growth in Underdeveloped Countries [J]. Economic Development and Cultural Change, 1966, 14 (2): 174 – 189.

参考文献

[158] Rajan R. G. , Zingales L. Financial Dependence and Growth [J]. American Economic Review, 1998, 88 (3): 559 – 586.

[159] Rogaly B. , Fisher T. Poverty, Social Exclusion and Microfinance in Britain [M]. Oxfam, 1999.

[160] Rosen H. S. , Wu S. Portfolio Choice and Health Status [J]. Journal of Financial Economics, 2004, 72 (3): 457 – 484.

[161] Rosengard J. K. , Prasetyantoko A. If the Banks Are Doing So Well, Why Can' t I Get A Loan? Regulatory Constraints to Financial Inclusion in Indonesia [J]. Asian Economic Policy Review, 2011, 6 (2): 273 – 296.

[162] Proenca P. , Laureano R. M. S. , Laureano L. M. S. Determinants of Capital Structure and the 2008 Financial Crisis: Evidence from Portuguese SMEs [J]. Procedia – Social and Behavioral Sciences, 2014, 150 (15): 182 – 191.

[163] Schumpeter J. A. The Theory of Economic Development: An Inquiry into Profits, Capital, Credit, Interest, and the Business Cycle [M]. Transaction Publishers, 1982.

[164] Stiglitz J. E. , Weiss, A. Credit Rationing in Markets with Imperfect Information [J]. The American Economic Review, 1981, 71 (3): 393 – 410.

[165] Syrquin M. , Chenery H. Three Decades of Industrialization [J]. The World Bank Economic Review, 1989, 3 (2): 145 – 181.

[166] Vieira E. , Novo A. A Estrutura de Capital das PMEs: Evidência do Mercado Português [J]. Estudos do ISCA, 2010, 4 (2): 1 – 16.

[167] Wang Y. , Yao Y. D. Sources of China's Economic Growth, 1952 – 1999: Incorporating Human Capital Accumulation [J]. China Economic Review, 2003, 14 (1): 32 – 52.

[168] Yeung G. , He C. , Liu H. Centralization and Marginalization: The Chinese Banking Industry in Reform [J]. Applied Geography, 2012, 32 (2): 854 – 867.

[169] Yunus M. Creating A World Without Poverty: Social Business and the Future of Capitalism [M]. New York: Public Affairs, 2007.

[170] Zhang R. Human Capital, Technological Adoption and Industrial Upgrade [J]. Finance & Economics, 2010, 2: 10.

后　记

　　本书是本人的博士论文，博士论文的完成让我对金融排斥的形成机制及其对经济发展的影响有了更为清晰的认识，同时也带给自己很多思考与启发。一开始跟随李建军教授研究金融排斥指标体系的构建以及金融排斥与信息化普惠金融的内在逻辑分析，引起了我对企业融资难问题的关注。到本书承载的中央财经大学博士生重点课题——金融排斥的结构效应，中小企业作为我国吸纳就业的重要贡献者与国民经济增长的重要推动力，却受到了较为严重的金融排斥，这会对微观经济与宏观经济产生什么程度的影响，成为了本课题的重点研究问题。现有文献对金融排斥的效应的研究以定性分析为主，定量研究主要围绕地区差异展开，本书力图将理论分析与实证分析相结合，从微观与宏观层面对金融排斥的结构效应进行分析。课题研究中，金融排斥三个结构效应的实证结果对应的政策意义基于理论支撑和数据的支持。金融排斥从提出至今不到 30 年的时间，本书选取的实证数据在时间跨度上相对较短，尽管不可能准确地描述金融排斥对经济发展影响的全貌，但还是试图为政策操作提供一个参照系。

　　关于金融排斥的结构效应还有许多需要深入探究的地方。比如，金融排斥的对象可以进一步拓展，金融排斥不只局限于企业，还包括微观个体（居民为主）、农村（农户）。居民、农户等微观个体在金融服务方面（包括储蓄、保险、养老金等）面临的金融排斥问题，是否加剧了城乡二元结构以及居民、农户的贫困化程度，这一问题还需要进一步研究。随着金融排斥对象范围的拓展，金融排斥指标体系还需要将居民、农户在储蓄、保险等金融服务方面受到的排斥指标纳入。居民、农户、企业等遭受的金融排斥对金融二元结构产生的影响还需要进一步研究，与正规金融机构相比，非正规金融机构尽管存在贷款成本高、风险大等特点，可能会带来一定的法律和社会问题，却在广大的农村地区长期存在。在我国农村地区，正规金融服务的缺位导致了金融排斥，金融排斥的产生又为非正规金融的发展提供了空间，进一步提出了金融排斥是否会加剧金融二元结构的问题。金融排斥结构效应的理论框架体系需要创新，与传统的信贷观念不同，减缓金融排斥，构建普惠金融体系，需要将金融服务的对象界定清晰，既要体现金融体系的包容性，也要维持金融机构的商业可持续性。

本研究是国家社科基金重大项目的部分研究内容，中央财经大学博士生重点课题的研究内容。国家社科基金，中央财经大学博士生重点课题资助计划都为本研究提供了调研、学术交流等方面的支持。感谢我的博士生导师李建军教授，他深厚的知识底蕴、严谨治学的态度、谦逊的风范让我受益匪浅，在此也要特别感谢师母田光宁老师，她在思想上与生活中给予了我许多指导与关怀。

感谢中央财经大学金融学院葛仁霞书记、罗卓笔老师、龚莉云老师、胡传雨老师、胡风云师姐、王德师兄、郑中华师兄、瓦力师兄、巩艳红、卢盼盼、徐丽丽、乔博、陈利香、薛莹、郭利燕、马思超、陈鑫、韩珣、闻帅、邹晓琳，他们为我在博士期间的学习和生活提供了很多支持与帮助，使我能够顺利完成本课题的研究。

感谢爱人张亚文先生，他在完成好自己学业与科研工作的同时，加入到我的课题研究与讨论中来，他的观点与思想为我提供了很好的建议与启发。对于女儿张懿菡，我在课题完成之际，充满了感恩与期盼，课题的研究难免减少了许多陪伴她成长的时间，她的每一点进步都激励我做好自己的研究。

对于父母亲、公公婆婆的包容、理解与支持，我铭记在心。

本书即将付梓出版，博士阶段的付出与努力即将收获果实。路漫漫其修远兮，回首博士生涯，我深知，学习之路还很长，让我在今后的人生道路上不敢有懈怠，我将把内心所有的感恩与感谢化作前进的动力，砥砺自己不断前行。

张丹俊

2017 年 11 月 30 日